Rundum satt und glücklich ohne Kuhmilch, Hühnerei und Gluten

W0299686

Ein Vollwertkochbuch für Menschen, die wegen Allergien oder Unverträglichkeiten Diät halten müssen

Gewidmet meinem testessenden, Computer programmierenden, mich immer aufmunternden Gatten

Ute Rabe

Rund um satt und glücklich ohne Kuhmilch, Hühnerei und Gluten

Ein Vollwertkochbuch für Menschen, die wegen Allergien oder Unverträglichkeiten Diät halten müssen

Mit einer Einführung in die medizinischen Hintergründe

Von Dr. med. Jürgen Hintze

Haftungsausschlusss

Wir haben die Angaben in diesem Buch nach bestem Wissen und Gewissen geprüft. Trotzdem ist eine Haftung für deren Richtigkeit und Lückenlosigkeit ausgeschlossen.
Insbesondere sind Haftungsansprüche uns gegenüber ausgeschlossen, falls jemand nach den Angaben dieses Buches kocht und wider Erwarten trotzdem Unpässlichkeiten, Unverträglichkeiten oder Krankheitssymptome entwickelt, die auf den Genuss dieser Speisen zurückzuführen sind.
Wir können keine Garantie für die Angaben zur Zusammensetzung von am Markt befindlichen Lebensmitteln übernehmen. Die Verantwortung dafür liegt allein beim Hersteller.
Wir können auch keine Garantie dafür übernehmen, dass gesetzliche Regelungen und der Stand der Wissenschaft unverändert bleiben, solange das Buch am Markt erhältlich ist.

Dr. med. Jürgen Hintze Ute Rabe

*Bibliografische Information Der Deutschen Bibliothek:
Die Deutsche Bibliothek verzeichnet diese Publikation in der Deutschen Nationalbibliografie; detaillierte bibliografische Daten sind im Internet über http://dnb.ddb.de abrufbar.*

© Juni 2007 – Ute Rabe
Umschlaggestaltung: Sonja, Ute und Dr. Hans-Joachim Rabe
Herstellung und Verlag: Books on Demand GmbH, Norderstedt
Printed in Germany
Dieses Buch wurde im On-Demand-Verfahren hergestellt.

ISBN 978-3-8334-9885-5

Inhalt

Was dieses Buch will

Sie kommen vom Arzt mit der Empfehlung, Lebensmittel, die Kuhmilch, Eier oder glutenhaltiges Getreide enthalten, zu meiden. Möglicherweise haben Sie eine lange Odyssee durch die Praxen verschiedener Spezialisten hinter sich und sind froh, endlich den Grund für Ihre rätselhaften Beschwerden gefunden zu haben. Nun ist alles ganz einfach: Sie müssen in Ihrer Ernährung nur die Zutaten weglassen, die Sie nicht vertragen!

Das klingt so einfach, kann aber im Alltag erst einmal Probleme bereiten. Das wenigste, was wir essen, nehmen wir in "Reinform" zu uns. Unsere Gerichte werden nach Mutters Hausrezepten oder in großen Industrieanlagen aus den verschiedensten Zutaten zusammengemixt. Oft wissen wir gar nicht, was in unserem täglichen Brot so alles drin ist. Und plötzlich müssen Sie sich nun um die Zusammensetzung Ihrer Nahrung kümmern, oder Sie müssen auf alte, liebgewonnene Gerichte verzichten. Dieses Buch ist für Menschen gedacht, die an einer Allergie oder Unverträglichkeit gegenüber Hühnereiern und/oder Kuhmilch leiden. Außerdem richtet es sich an alle, die eine Zöliakie oder Sprue haben und keine glutenhaltigen Speisen vertragen. Es will Ihnen helfen, neue Wege zu beschreiten, sich trotz mancher Einschränkungen ausgewogen zu ernähren und vor allem die Freude am Essen zu behalten.

Eindeutig nicht gedacht ist dieses Buch zur (Selbst)diagnose von Lebensmittel-Allergien oder Unverträglichkeiten.

Vollwertkost bei Allergie

Vollwertkost hat in den letzten Jahren immer mehr Anhänger gefunden.

In dem Begriff steckt die Forderung, den vollen Wert der Lebensmittel auszuschöpfen, den ihnen die Natur mitgegeben hat. Dazu sollten wir sie bei der Zubereitung möglichst wenig verändern. Das bedeutet: Viel frisches Obst und Gemüse, roh oder schonend gegart, Vollkornmehl,

Verzicht auf Fertigprodukte. Unnatürlich fette und süße Speisen sind verpönt. Vollwertkost muss nicht zwangsläufig vegetarisch sein, wie viele Kochbücher vermuten lassen. In jedem Fall aber wird unser Verbrauch an Fleisch als unmäßig betrachtet und wenn Fleisch auf den Tisch kommt, dann in Maßen.

Für „allergiegeplagte“ Menschen hat dieser theoretische Ansatz zwei große Vorteile:

Vollwertköchinnen und -köche sind immer bestrebt, eine Mahlzeit auf den Tisch zu bringen, die nicht nur schmeckt, sondern auch unseren Bedarf an Nährstoffen, Vitaminen und was wir sonst zum „Wohlfühlen“ brauchen, deckt. Wenn jemand beim Kochen „vollwertig“ denkt, wird sein Körper, auch wenn er auf das eine oder andere Lebensmittel verzichten muss, trotzdem auf seine Kosten kommen. Das, was an Möglichkeiten übrig bleibt, wird ein solcher Mensch „voll“ ausnutzen.

Der zweite Vorteil ist ganz praktischer Natur. Weil bei der Zubereitung von Vollwertkost so weit wie möglich auf Fertigprodukte verzichtet wird, kann Ihnen kein Lebensmittelhersteller seine Rezeptur aufzwingen. Sie sind autark und können selbst bestimmen, was Sie in Ihr Essen mischen.

Mit diesem Buch will ich Ihnen helfen, „vollwertig“ zu denken und von vorgefertigten Lebensmitteln unabhängig zu werden. Dazu sind keine Vorkenntnisse notwendig, nur ein bisschen Neugier. Und, na ja, auch ein bisschen Zeit. Wenn Sie sich auf die „Vollwert-Denke“ einlassen, werden Sie vielleicht nach einer Weile merken, dass die für Sie unvermeidliche Beschäftigung mit dem täglichen Brot sogar Spaß machen kann.

Achtung: Allergiker sollten es aber nicht mit „Vollwert“ übertreiben: Manche Allergene können durch Verarbeiten der Nahrungsmittel unschädlich werden. Lassen Sie sich also nicht von „Vollwert Doktrinen“ einengen und betrachten Sie es keineswegs als Sakrileg, wenn Sie sich im Einzelfall z. B. für weißes Mehl entscheiden.

Da viele von Ihnen auf Milchprodukte und/oder Eier gänzlich verzichten müssen, können zum Ausgleich ein paar Fleischrezepte mehr als in anderen Vollwertkochbüchern nicht schaden.

Zum Schluss sei noch darauf hingewiesen, dass z.B. Tomaten absolut nicht mehr vollwertig sind, wenn man sie eine Stunde lang kocht. Trotzdem werden vermutlich etliche für das Rezept eines selbstgemachten Ketchups besonders dankbar sein. Gleichen Sie das Defizit mit frischem Obst zum Nachtisch aus und genießen Sie das Ketchup. Ich habe hin und wieder eine solche "leckere Schweinerei" im Rezeptteil versteckt.

Dr. med. Jürgen Hintze hat es übernommen, für Sie einen kurzen Überblick über die medizinischen Hintergründe zu den in diesem Buch versammelten Rezepten zu geben.

Ute Rabe

Medizinische Hintergründe

Von Dr. med. Jürgen Hintze

Nahrungsmittelallergien gewinnen zunehmend an Bedeutung. Jedes Jahr wird bei ca. 30.000 Kindern die Diagnose einer Nahrungsmittelallergie gestellt. Nach wissenschaftlichen Untersuchungen besteht für jedes Neugeborene ein familiäres Risiko von 20 bis 25 % im Laufe des Lebens an einer Allergie zu erkranken.

Bis zur Diagnosestellung haben viele Patienten einen langen Leidensweg, zum Teil über Jahre, hinter sich, da Nahrungsmittelallergien vielfältige und nicht immer eindeutige Beschwerden auslösen können. Umso größer die Erleichterung endlich die Ursache der Beschwerden zu kennen und ihr begegnen zu können.

Die Behandlung der Nahrungsmittelallergien ist grundsätzlich die Elimination des Allergens, d. h. das entsprechende Nahrungsmittel sollte vollständig aus der Ernährung weggelassen werden. In der Regel sind Medikamente nicht erforderlich.

Was ist eine Allergie?

Allergie im wörtlichen Sinne bedeutet "Anders-Reaktion", das heißt, der Körper reagiert auf einen Stimulus mit einer ungewöhnlichen Antwort. So reagiert ein Pollenallergiker nach Kontakt mit Graspollen (Stimulus) mit Augenjucken, Heuschnupfen oder vielleicht auch Asthma (Antwort). Dagegen reagiert ein Nicht-Allergiker überhaupt nicht (normale Reaktion). Bei Nahrungsmittelallergien könnte als Reaktion auf den Genuss von Hühnereiweiß (Stimulus) zum Beispiel ein Durchfall oder eine Schwellung der Haut auftreten (Antwortreaktion). Eine Allergie kann erst nach einer Sensibilisierung entstehen, also nicht bei einem Erstkontakt. Dies bedeutet, dass man mindestens ein Mal mit dem Stoff, der die Allergie auslöst, in Verbindung gekommen sein muss. Als Prophylaxe (Vorbeugung) versucht man im Säuglingsalter eine Kuhmilchallergie zu verhindern, indem man möglichst lange stillt oder eine hypoallergene Nahrung füttert. Bei anderen Allergien (z. B. Tierhaarallergien) ist die Entfernung des Allergenes aus der Umgebung als Vorbeugung erforderlich (z. B. Entfernung des Haustieres).

Die Neigung zur Allergie ist ererbbar. Das Risiko für ein Kind, eine allergische Erkrankung zu bekommen, kann aufgrund der Familienanamnese wie folgt abgeschätzt werden:

Beide Eltern gesund	5 - 15%
Ein Elternteil Allergiker	20 - 40%
Ein Geschwister Allergiker	25 - 35%
Beide Eltern Allergiker	40 - 60%
Beide Eltern dieselbe Manifestation	60 - 80%

Das Immunsystem des Menschen hat die Aufgabe, den Körper vor Infektionen zu schützen. Das Immunsystem des Allergikers ist nicht geschwächt, sondern es kann überempfindlich auf kleinste Mengen von Fremdeiweiß oder auch anderen Allergene reagieren.

Man unterscheidet vier allergische Reaktionen. Wichtig für Nahrungsmittelallergien ist die allergische Sofortreaktion (Beispiel der allergische Schock) und die allergische Spätreaktion, bei der bis zu 72 Stunden nach Allergenkontakt Symptome auftreten können.

Der Ablauf allergischer Reaktionen ist an das Immunglobulin E geknüpft, das bei Allergikern im Blut erhöht nachweisbar ist. Mit dem Nachweis von spezifischen IGE (Rastuntersuchung) kann man direkt eine Allergisierung nachweisen.

Welche Krankheitssymptome macht eine Allergie?

Allergien können die vielfältigsten Krankheitssymptome auslösen. Grundsätzlich muss man bei jeder chronischen Erkrankung an eine allergische Komponente denken. Die bekanntesten allergischen Erkrankungen sind:

- Neurodermitis
- Asthmabronchiale
- Kontaktekzeme
- Migräne
- chronische Durchfälle
- Gedeihstörungen
- Heuschnupfen
- Erbrechen
- Fließschnupfen
- Gelenkbeschwerden
- Chronische Bronchitis u.a.

Bei Nahrungsmittelallergie stehen Beschwerdebilder im Bereich der Haut und des Magen- und Darmtraktes im Vordergrund.

Wie wird die Diagnose einer Allergie gestellt?

Die wichtigsten Hinweise auf eine Nahrungsmittelallergie erhält man aus der Krankheitsgeschichte (Anamnese). Gerade beim Verdacht auf eine Allergie bekommt man die besten diagnostischen Hinweise beim genauen Erfragen der Beschwerden, wann, wo, was und in welchem Zusammenhang diese auftreten.

Zur Sicherung der Diagnose stehen dem allergologisch erfahrenen Arzt eine Reihe von Labor- und Belastungsuntersuchungen zur Verfügung.

Die Interpretation der Testverfahren kann sehr schwierig sein und muss äußerst kritisch durchgeführt werden. Da sämtliche Testverfahren eine Allergie weder beweisen noch ausschließen, darf die Diagnose einer Nahrungsmittelallergie nie auf Grund von Hauttests oder Blutuntersuchungen (in vitro Tests) gestellt werden. Erst nach überprüfter Diagnose (Anamnese, Testverfahren, Elimination, Provokation) sollte eine diätetische Therapie durch Elimination des auslösenden Allergens erfolgen. Leider bereitet aber die Interpretation gerade allergologischer Untersuchungen große Schwierigkeiten. So muss zum Beispiel ein positiver

Rastbefund, das heißt eine im Blut festgestellte Allergie, nicht immer mit dem Beschwerdebild korrelieren. Gerade bei niedrigen Raststufen erlebt man doch häufig, dass das Nahrungsmittel vertragen wird. Neben den klassischen Reaktionen gibt es auch noch Allergien, die anderen immunologischen Mechanismen folgen, zum Beispiel Intoleranzreaktionen. Auf diese kann hier nicht näher eingegangen werden.

Im Zweifelsfalle sollte man sich dafür an Ärzte mit spezieller Ausbildung und Erfahrung oder an Spezialambulanzen wenden. Vielen Universitätskliniken sind solche Einrichtungen angegliedert. Adressen von empfehlenswerten Spezialisten erhält man auch auf Anfrage von den im Anhang dieses Buches genannten Selbsthilfeorganisationen.

Wie wird eine Nahrungsmittelallergie behandelt?

Liegt eine eindeutige Nahrungsmittelallergie vor, so ist das betreffende Allergen aus der Ernährung vollständig zu eliminieren. Kinder mit Nahrungsmittelallergien wachsen und entwickeln sich wie ihre Altersgenossen. Erwachsene sind in der Regel voll im Berufsleben integrierbar. Es ist aber oft ein langer und schwieriger Weg, sich mit der Tatsache auseinander zu setzen, die Erkrankung zu akzeptieren und sich dann auf die besondere Ernährung einzustellen. Leider gibt es oft bei der Zubereitung der Speisen erhebliche Probleme. Auch wird angenommen, dass man geschmackliche Einschränkungen hinnehmen muss oder Mangelerscheinungen bekommt. Gerade hier kann ein Kochbuch, das sich besonders mit diesen Problemen beschäftigt, außerordentlich wertvolle Hilfe leisten.

Die Kuhmilchallergie

Werden Milch und Produkte aus der Milch nicht vertragen, so muss man unterscheiden zwischen einer allergischen Reaktion und der Unverträglichkeit gegen Milchzucker (Laktose).

In der Kuhmilch sind etwa 20 Proteine näher identifiziert, von denen allerdings nur fünf von allergologischer Bedeutung sind. In Rastuntersuchungen (Bluttestungen) können die einzelnen Bestandteile ohne großen Aufwand gesondert getestet werden.

Protein	% vom Gesamteiweiß
Rinderserum-Albumin (hitzelabil)	0,7 - 1,3
Rinder-Gammaglobulin (hitzelabil)	1,2 - 2,5
Alpha-Lactalbumin (partiell hitzelabil)	2,0 - 5,0
Beta-Lactglobulin (hitzestabil)	7,0 - 12
Casein (hitzestabil)	76 - 86

Das Albumin und das Gammaglobulin sind hitzelabile Eiweiße und werden schon beim kurzen Kochen denaturiert. Sie verlieren damit ihre allergenen Eigenschaften. Somit reagiert man nur bei frischer Kuhmilch. Sollten trotzdem in Einzelfällen noch Beschwerden auftreten, müsste an eine Kreuzallergie zu den anderen Bestandteilen der Milch gedacht werden. Dies sollte abgeklärt werden. Alpha-Lactalbumin ist partiell hitzestabil und kann in pasteurisierter Milch enthalten sein. Durch Kochen wird dieses Eiweiß aber zerstört. Casein und Beta-Lactglobulin sind hitzestabil. Das wichtigste Eiweiß mit der höchsten Allergenität in der Kuhmilch ist das Beta-Lactglobulin. Es ist hitzestabil und auch resistent gegen proteolytische, d.h. zerstörende Enzyme. Die Allergenität kann noch durch mildes Erhitzen in Gegenwart von Laktose gesteigert werden. Bei Sensibilisierung gegen Beta-Lactglobulin muss eine völlig kuhmilchfreie Ernährung durchgeführt werden. Bei isolierter Allergie gegen hitzelabile Kuhmilcheiweiße kann eine Ernährung mit gekochter Milch möglich sein. Das Casein ist ein hitzestabiler, nicht artspezifischer Bestandteil der Milch. Daher muss bei Allergie gegen Casein auch damit gerechnet werden, dass Milchen anderer Tierarten nicht vertragen werden, wie Ziege, Schaf, Stute. Besteht keine Allergie gegen Casein, werden diese Milchen vertragen.

Da Kuhmilch in vielen Fertigprodukten vorhanden ist, sollte beim Kauf fertiger Nahrungsmittel höchste Vorsicht geboten sein.

Durch Kuhmilchprodukte wird ein großer Teil unseres täglichen Bedarfes an Calcium gedeckt. Dies ist insbesondere für Kinder in der Wachstumsphase wichtig. Es sollte daher bei einer kuhmilchfreien Ernährung auf eine ausreichende Zufuhr an Calcium durch andere Nahrungsmittel geachtet werden. Auch auf eine ausreichende Zufuhr von Vitaminen muss geachtet werden. Im Einzelfall sollte man den Rat einer geschulten Diätassistentin (Oecotrophologin) in Anspruch nehmen.

Die Milchzucker- oder Lactoseintoleranz

Bei der Milchzuckerunverträglichkeit kann der Milchzucker (Laktose) in der Nahrung nicht vollständig abgebaut werden, da das entsprechende Enzym in der Darmwand fehlt. Dieser Defekt kann angeboren oder Folge der Schädigung der Darmschleimhaut sein. Sie tritt häufig zusammen mit der Zöliakie auf.

Milchzucker ist nicht nur in der Kuhmilch, sondern auch in Milchen anderer Tiere enthalten (Schaf, Ziege u.a.). Dabei ist die Milch gegenüber den verarbeiteten Produkten wie Käse, Joghurt u.s.w. in der Regel am stärksten unverträglich.

Das Ausmaß der Milchzuckerunverträglichkeit ist sehr unterschiedlich, je nach der Stärke der Darmschädigung (Enzymschädigung). Die spezifischen Testverfahren können das Ausmaß der Milchzuckerunverträglichkeit nicht genau bestimmen. Daher muss im Einzelfall oft ausprobiert werden, wie viel vertragen wird. Nicht immer müssen Milch und Milchprodukte komplett weggelassen werden. Auch hierzu sei auf Spezialambulanzen verwiesen.

DIE HÜHNEREIWEIßALLERGIE

Nach der Kuhmilch ist das Hühnereiweiß das bedeutendste Allergen. Wie bei der Kuhmilchallergie muss bei einer Sensibilisierung gegen Hühnereiweiß dieses vollständig aus der Ernährung weggelassen werden. Gerade beim Hühnereiweiß sind anaphylaktische, d.h. schwere allergische Reaktionen bekannt. Die wichtigsten Allergene im Hühnerei sind das

Ovalbumin, Ovomukoid, Ovotransferin und Lysozym. Das Ovalbumin hat im Hühnerei den größten Anteil mit ca. 66% und ist zugleich auch das wichtigste und stärkste Allergen. Wie bei der Kuhmilch muss damit gerechnet werden, dass Hühnerei in vielen Fertigprodukten vorhanden ist. Auch hier sollte die Zutatenliste sorgfältig gelesen werden. Insbesondere sollte auf Lecitine (sie haben die E-Nummer E 322) geachtet werden, da diese aus Hühnerei hergestellt sein können. Bei einer Ernährung ohne Hühnereiweiß muss nicht unbedingt mit Mangelerscheinungen gerechnet werden. Eine gleichzeitige Allergie auf Hühnerfleisch ist nicht zwingend, sondern eher selten.

DIE ZÖLIAKIE ODER SPRUE

Die Zöliakie, beim Erwachsenen auch Sprue genannt, ist im eigentlichen Sinne keine Allergie, sondern eine Unverträglichkeit gegen das Klebereiweiß Gluten, das hauptsächlich in den einheimischen Getreidearten vorkommt. Die Unverträglichkeit gegen das Gluten bewirkt bei Patienten mit einer Zöliakie eine direkte Schädigung der Darmschleimhaut, die Darmzotten flachen ab oder verschwinden. Wie dieser toxische Gluteneffekt zu erklären ist, ist noch nicht bekannt.

Symptome der Zöliakie beim Kind und der Sprue beim Erwachsenen

Während die Zöliakie beim Kind in der Regel eindeutige Befunde hervorruft, sind die Symptome im Erwachsenenalter häufig nur schwach ausgeprägt, und selten kommt es zum Vollbild der Sprue mit massivem Gewichtsverlust und Durchfall mit Fettstühlen.

Symptome der Zöliakie beim Kind

- Gedeihstörungen, Leibblähungen,
- Durchfälle (dauerhaft oder episodisch), Blässe,
- Erbrechen, Wesenveränderungen, Appetitlosigkeit,
- Muskelschwäche, Eiweißmangelödeme

Symptome der Sprue beim Erwachsenen

- Auszehrung, Gewichtsverlust,
- Muskelschwund
- lockere Hautfalten,
- niedriger Blutdruck
- Krankheitsgefühl und Leistungsschwäche
- Müdigkeit, Abgeschlagenheit
- Durchfall, Blähungen, Verstopfungen
- Übelkeit

Wie wird eine Zöliakie/Sprue diagnostiziert?

Zur sicheren Diagnose einer Zöliakie/Sprue muss immer eine Dünndarmbiopsie durchgeführt werden. Die ist zwar manchmal eine unangenehme, aber in der Regel völlig harmlose Untersuchung. An dem entnommenem Gewebeteilchen kann man im Mikroskop erkennen, ob die Dünndarmzotten abgeflacht sind. Sind die Zotten flach, ist dies das sicherste Zeichen einer Zöliakie/Sprue. Ebenso ist ein sicherer Hinweis das Ansprechen der glutenfreien Ernährung. Gute Hinweise auf das Vorliegen einer Zöliakie/Sprue erhält man aus speziellen Antikörperbestimmungen, wie Gliadinantikörper , Endomysiumantikörper und der Transglutaminase. Bei Kindern sind diese Antikörper als Screeningtest gut geeignet, im Erwachsenenalter aber noch unsicher. Ein Ersatz für die Biopsie sind die Antikörperbestimmungen aber bisher noch nicht, da ein negativer Test eine Zöliakie nicht ausschließt.

Wie wird eine Zöliakie/ Sprue behandelt?

Die Behandlung der Zöliakie/Sprue besteht in der absoluten glutenfreien Ernährung. Nur in Ausnahmefällen bei zusätzlichen Erkrankungen und Mangelerscheinungen sind medikamentöse Therapien erforderlich. Die glutenfreie Ernährung muss lebenslänglich durchgeführt werden. Bei nicht glutenfreier Ernährung kommt es zum Wiederauftreten von Beschwerden, was zum Teil bis zu mehreren Jahren dauert. Daneben steigt aber hauptsächlich auch noch das Malignomrisiko (Krebsrisiko). Mit einer glutenfreien Ernährung lebt der Patient in der Regel beschwerdefrei und ist sozial voll in die Gesellschaft integrierbar.

Die glutenfreie Ernährung

Die glutenfrei Ernährung ist heute zum Teil schon recht komfortabel geworden. Es gibt eine Reihe von Spezialfirmen, die glutenfrei Backwaren herstellen. Auch in vielen Reformhäusern kann man glutenfreie Spezialprodukte kaufen. Leider sind in vielen normalen Kochbüchern häufig nur wenige Rezepte, die sich mit der glutenfreien Ernährung auseinandersetzen. Gerade bei der Zubereitung glutenfreier Gerichte hat man häufig technische Schwierigkeiten, so dass spezielle Kochbücher unbedingt notwendig und außerordentlich hilfreich sind.

Neben den klassischen Getreideprodukten, wie Backwaren oder Nudeln, kommt Gluten leider in vielen Produkten vor, von denen man von vorne herein nicht vermutet, dass sie Gluten enthalten. Als besonders hilfreich hat sich hier die "Aufstellung glutenfreier Lebensmittel" der Deutschen Zöliakiegesellschaft bewährt. Die Adresse finden Sie auf S. 166.

Zöliakie/Sprue und Lactoseintoleranz

Nach langer Erkrankung und später Diagnosestellung haben Patienten zu Beginn der glutenfreien Ernährung häufig zusätzlich eine Intoleranz gegen den Milchzucker Laktose. Neben der Elimination von Gluten müssen dann auch Milchprodukte weggelassen werden. In der Regel lässt die Intoleranz gegen Laktose bei längerer glutenfreier Ernährung und damit der Normalisierung des Darmes nach.

Dr. med. Jürgen Hintze
Facharzt für Kinder- und Jugendheilkunde, Allergologe

Hintergrund-wissen für Einkauf und Küche

Augen auf beim Einkaufen: Die Zutatenliste

Das Ideal aller Vollwertköstler, sämtliche Lebensmittel so in die Küche zu holen, wie die Natur sie uns bietet, ist heute zur Utopie geworden. Auch wer sich bewusst ernährt und nach diesem Buch kocht, wird manchmal Kompromisse schließen und hin und wieder abgepackte Lebensmittel kaufen.

Für diese gilt: **Alle** Zutaten müssen auf einer Zutatenliste ausgewiesen werden (Achtung Lesebrillenträger: grundsätzlich kleingedruckt). Von dieser Regelung ausgeschlossen sind Waren, die lose hinter der Theke verkauft werden, wie z.B. Wurst oder Käse.
Die Liste enthält die Aufzählung aller enthaltenen Bestandteile in absteigender Reihenfolge ihres Gewichtsanteils. Das heißt, die Zutat, die den größten Anteil ausmacht, kommt zuerst. Sie sind nach Menge sortiert. Solange es sich dabei um Dinge wie Zucker, Milch oder Haselnüsse handelt, kann dem jeder, der des Lesens mächtig ist, folgen. Was aber, wenn da zum Beispiel steht: **Lecithin**? Darin kann, muss aber nicht unbedingt, Hühnerei verborgen sein.

Seit dem 25. November 2005 gibt es eine neue Bestimmung, die Allergikern mehr Sicherheit bietet: Die europäische Richtlinie zur Allergenkennzeichnung. Sie gilt in allen Mitgliedsländern der EU. Restbestände an Lebensmitteln mit alter Kennzeichnung, die vor dem Stichtag hergestellt wurden, dürfen abverkauft werden. Es kommen also noch eine ganze Weile Produkte mit der alten Kennzeichnung vor, besonders wenn sie sehr lange haltbar sind.
Die Richtlinie besagt: Allergene Stoffe, die in einem Lebensmittel oder einer Zutat enthalten sind oder aus denen dieselbe hergestellt wurde, müssen in jedem Fall gesondert erwähnt werden, wenn das nicht eindeutig aus dem Namen hervorgeht. In unserem Beispiel ist z.B. anzugeben, ob es sich um **Lecithin aus Ei** oder um **Sojalecithin** handelt. Oft sind diese versteckten Allergene auch hinter der betreffenden Zutat in runden Klammern angegeben. Zum Beispiel: **Stärke (Weizen)**.

Folgende 12 Zutaten, auf die in Europa besonders viele Menschen allergisch reagieren, müssen immer extra angegeben werden, wenn sie in irgendeiner „Sammelbezeichnung“ verborgen sind.

- glutenhaltiges Getreide (Weizen, Roggen, Gerste, Hafer, Dinkel, Kamut oder Hybridstämme davon) sowie daraus hergestellte Erzeugnisse
- Krebs und Krebstiererzeugnisse
- Eier und Eierzeugnisse
- Fisch und Fischerzeugnisse
- Erdnüsse und Erdnusserzeugnisse
- Soja und Sojaerzeugnisse
- Milch und Milcherzeugnisse (einschließlich Lactose)
- Schalenfrüchte (Mandel, Haselnuss, Walnuss, Kaschunuss, Pecannuss, Paranuss, Pistazie, Macadamia- oder Queenslandnuss sowie daraus hergestellte Erzeugnisse)
- Sellerie und Sellerieerzeugnisse
- Senf und Senferzeugnisse
- Sesamsamen und Sesamsamenerzeugnisse

  Schwefeldioxid und Sulfite in einer Konzentration von mehr als 10 mg/kg oder 10 mg/l, als SO2, angegeben

Immer öfter findet man auf Verpackungen auch Warnhinweise wie „kann Spuren von Erdnüssen, Weizen, … enthalten“. Manche Hersteller schreiben die Zutaten auch in eckige Klammern. Dann handelt es sich um

Dinge, die dem Lebensmittel nicht absichtlich zugesetzt werden. Sie können bei der Lagerung oder Produktion versehentlich hineingelangen. Beispiel: in einer Halle werden Zucker und Weizenmehl nebeneinander gelagert. Der Zucker kann, muss aber nicht mit Mehlstaub kontaminiert sein. Oder es waren noch Reste einer Nuss-Schokolade in der Abfüllanlage, als die erste Tafel Vollmilch hindurchrauschte, oder … oder … oder.
Eine gesetzliche Regelung gibt es nicht. Es liegt im Ermessen des Herstellers, einen solchen Hinweis anzubringen.

Die Hersteller wollen sich dadurch schützen, falls doch einmal ein verhängnisvolles Versehen passiert. Oft ist gar nichts von dem allergenen Stoff in dem Produkt drin. Das ist schade, denn auf Grund dieser Warnhinweise meiden viele Leute Dinge, auf die sie gar nicht verzichten müssten.

Leider gibt es kein Patentrezept, wer diese Spurenwarnung wie ernst nehmen muss. Nach eingehender Erörterung haben Dr. Hintze und ich beschlossen, Ihnen folgende Entscheidungshilfe an die Hand zu geben: Falls Sie aufgrund von Zöliakie glutenfrei leben müssen oder an einer Allergie leiden und als hochempfindlich eingestuft sind, sollten Sie auch Lebensmittel, die Spuren „ihres Allergens“ enthalten **könnten**, unbedingt meiden.

Falls Sie nicht zu diesen Personengruppen gehören, lesen Sie trotzdem die Zutatenliste sorgfältig und entscheiden Sie, ob Sie ein Experiment wagen wollen.

Es sei hier allerdings ganz klar festgestellt, dass es letzten Endes allein Ihre Entscheidung ist und von Ihrer eigenen, persönlichen Einschätzung des Risikos abhängt, ob Sie sich über eine „Spurenwarnung“ hinwegsetzen. Eine hundertprozentige Voraussage, wie Sie reagieren werden, kann niemand treffen.

WO IST WACHSAMKEIT ANGESAGT?

In diesem Kapitel finden Sie Hinweise auf Produkte, in denen man nicht unbedingt Ei, Milch oder Gluten vermuten würde. Trotzdem ist es oft darin enthalten.

Gluten

Gluten ist enthalten in Roggen, Weizen, Dinkel, Grünkern, Gerste, und Hafer, Einkorn, Urkorn, Emmer, Kamut, Triticale und sonstigen Weizenderivaten.

Es kann sich hinter der Bezeichnung Stärke, modifizierte Stärke oder "Pflanzeneiweißerzeugnis" verbergen. Seit dem 25. November 2005 muss in der Zutatenliste vermerkt werden, falls ein solcher Stoff Gluten bzw. ein glutenhaltiges Getreide enthält. So kann man z.B. erkennen, wenn es sich bei Stärke um ein Weizenerzeugnis handelt. Leider weiß man dann immer noch nicht, ob es sich um Prima- oder Sekunda-Stärke handelt (beides aus dem Ausgangsprodukt Weizen). Prima-Stärke (auch A-Stärke genannt) wird von vielen (nicht allen) Zöliakie-Patienten vertragen, auch wenn sie aus Weizen hergestellt wurde. **Sekunda-Stärke (auch B-Stärke genannt) ist absolut ungeeignet.**

Produkte, die mit großer Wahrscheinlichkeit (aber nicht alle unbedingt) Gluten enthalten:

- alle Gebacke, die nicht ausdrücklich als glutenfrei gekennzeichnet sind
- Paniermehl
- Margarine, besonders fettreduzierte Produkte
- Eis, besonders mit Waffelblättern
- alle Fertiggerichte mit Bindemitteln
- Bier und Kaffee-Ersatz
- Fruchtjoghurt, Käsecremezubereitung, Fertigsaucen, Wurstwaren,

fertig paniertes Fleisch oder Fisch, Formfleisch (Fleischstücke, die mit oft glutenhaltigen Bindemitteln "zusammengepappt" werden. Beispiel: gekochter Vorderschinken)

- Bratheringe
- Backpulver
- Trockenhefe
- Bio-Frischhefe (wird auf Weizen als Nährboden gezüchtet)
- Sojasauce
- Gewürzmischungen
- Malzextrakt und Malzbonbons
- Blauschimmelkäse (die Schimmelkulturen im Inneren werden auf Brotkrumen gezüchtet).
- Käsezubereitungen wie Streichkäse oder Käsecremes mit Gewürzen oder Kräutern
- Naturkäse ist in der Regel glutenfrei, man kann aber nie hundertprozentig sicher sein.

Milch

Milch oder Milchbestandteile können unter der Bezeichnung Lactose, aufgeschlossenes Milcheiweiß, Molke, Molkepulver, Molkeprotein, Casein, Caseinate, Lactalbumin, und Lactglobulin in der Zutatenliste vorkommen. Seit dem 25. November 2005 muss auf der Zutatenliste vermerkt werden, wenn eine Zutat einen dieser Stoffe enthält oder daraus hergestellt ist.

Produkte, die Milch enthalten können, auch wenn man es nicht unbedingt vermutet:

- viele süße Gebäcke, besonders Rosinenbrötchen, Toast usw.
- Backmischungen für Brot und Kuchen
- viele Liköre und Mixgetränke
- Fleischkonserven aller Art, Fleischeinlagen von Fertiggerichten, Wurstwaren, Vorder- und Pressschinken
- Fertigfleisch- und Fertigfischgerichte
- Kartoffelfertiggerichte, Nudeln

- Süßigkeiten und Eis
- Mayonnaise, Senf und Fertigsaucen, Ketchup
- Margarine
- Backmittel
- gesüßte Obstkonserven (können Milchzucker enthalten).

Hühnerei

Wer kein Hühnerei verträgt, sollte bei den Zutatenlisten besonders auf Lecithin (E322) achten. Es kann aus Hühnerei hergestellt sein und ist nur unbedenklich, wenn es als "reines Pflanzenlecithin" deklariert ist. Auch der Konservierungsstoff Lysozym (z.B. in Käse) kann aus Hühnereiweiß stammen. Da Hühnerei zu den kennzeichnungspflichtigen allergenen Stoffen gehört, muss es auf der Zutatenliste vermerkt sein, wenn eine Zutat Hühnerei enthält oder daraus hergestellt ist.

Produkte, in denen Hühnerei versteckt sein kann:

- fast alle süßen Backwaren, aber auch Pumpernickel und Grahambrot
- Backmischungen für Brot und Kuchen
- Wurstwaren, Fleischeinlagen in Fertiggerichten, fertige Panaden
- Fertigsaucen, Mayonnaise, Ketchup, Senf
- Eis und fast alle Süßigkeiten, auch Bonbons, Gummibärchen, Zuckerwatte und Marmelade, viele Süßspeisen
- Margarine
- Backpulver
- Obstsäfte, Wein, Wein- und Obstessig, Brühe und Aspik (Ei kann als Klärmittel eingesetzt werden)
- Milchshakes, Liköre und Cocktails
- Kartoffelfertiggerichte, Nudeln.

Diese Angaben können Ihnen nur Anhaltspunkte für eigene Nachforschungen bieten. Studieren Sie die Zutatenliste, fragen Sie

Metzgern, Bäckern und Lebensmittelhändlern ein Loch in den Bauch. Viele Hersteller verschicken auf Anfrage Infos oder sind im Internet vertreten. Die Adresse ist in jedem Fall auf den Verpackungen verzeichnet. Da Gluten auch vielen "Fachleuten" kein Begriff ist, kann es leicht mit Glutamat verwechselt werden. Fragen Sie nach Gewürzzutaten und Bindemitteln und deren Zusammensetzung.

Eine unschätzbare Hilfe, glutenfreie und laktosefreie Produkte zu finden, ist nach wie vor die „Aufstellung glutenfreier Lebensmittel" der Deutschen Zöliakie-Gesellschaft (die Adresse steht im Anhang). Sie umfasst 2007 drei Bände und verzeichnet Namen von Lebensmitteln, deren Hersteller Glutenfreiheit garantieren. Viele Produkte sind auch im Bezug auf Laktose gekennzeichnet. Die Liste wird jährlich aktualisiert. Außerdem bietet sie eine Zusammenstellung von Bezugsquellen für glutenfreie Lebensmittel und viele praktische Tipps.
Wenn die Liste ein Lebensmittel als glutenfrei ausweist, hat der Hersteller der DZG dies garantiert. Auch wenn die neue Kennzeichnungsrichtlinie vieles „durchsichtiger" macht, gibt es immer noch genug Zweifelsfälle, in denen die Liste die größtmögliche Sicherheit bietet. Deshalb wird sie auch weiterhin erscheinen.

KLEINE LEBENSMITTELKUNDE FÜR FEINSCHMECKER

Gut Essen fängt beim Einkauf an. Deshalb gilt es für alle Köche und Köchinnen, beim Einkaufen auf die Qualität der Lebensmittel zu achten. Natürlich sollten sie immer frisch sein. Mit dem Einkauf von Bioprodukten unterstützen Sie eine umweltfreundliche Wirtschaftsweise, die Ihnen durch die Verringerung von krankmachenden Umweltgiften zugute kommt. Überbewerten Sie nicht das makellose Aussehen. Obst und Gemüse aus biologischem Anbau hat oft nicht die "Reklameoberfläche" konventionell erzeugter Produkte. Dafür sind meist mehr Geschmack und Nährwert und weniger Schadstoffe drin. Da die Natur schon bis in die letzten Winkel belastet ist, können aber auch Biobauern keine schadstofffreien Produkte ernten.

Der überwiegende Teil der Lebensmittel in unseren Geschäften ist in irgendeiner Weise ver- oder bearbeitet. Ihr Problem dabei: Da Sie bestimmte, eigentlich gesunde und schmackhafte Dinge, die in vielen Gerichten vorkommen, nicht vertragen, müssen sie ganz genau wissen, aus welchen Zutaten sich eine Speise zusammensetzt, die Sie kaufen wollen.

Wenn Sie sich an die Regeln der Vollwerternährung halten, erleichtert das den Überblick bei der Auswahl Ihrer Lebensmittel ungemein: **Da Sie möglichst unverarbeitete Produkte bevorzugen, ist in vielen Fällen die Beimengung von Zusatzstoffen von vorne herein ausgeschlossen.**

Fleisch und Wurst

Fleisch liefert uns hochwertiges Eiweiß und wichtige Mineralien. Aber: allzu viel ist ungesund und führt zu Übergewicht, Ablagerungen in den Blutgefäßen und Gicht. Deshalb: Qualität vor Quantität. Man muss nicht jeden Tag Fleisch essen, aber wenn, dann ein gutes Stück.
Meiden Sie Fleisch aus Massentierhaltung. Es kann durch Tierarzneimittel und Masthilfsmittel belastet sein und weist eine schlechte Qualität auf, es ist wässrig, zäh und ohne Aroma. Leber und Nieren enthalten besonders hohe Schadstoffkonzentrationen. Vorsicht bei gepökelten und geräucherten Produkten. Nitritpökelsalz kann mit natürlichen Inhaltsstoffen des Fleisches reagieren und krebserregende Nitrosamine bilden, beim Räuchern entstehen schädliche polycyclische aromatische Kohlenwasserstoffe. Erhitzen verstärkt die Wirkung.

Man sollte sein Fleisch bei einem Metzger kaufen, der weiß, wo sein Schlachtvieh aufgewachsen ist. Oder direkt beim Erzeuger. Es gibt immer mehr Bauern, die auf Direktvermarktung setzen. Relativ unbelastet ist Hammelfleisch, da Schafe noch weitgehend von der industriellen Massentierhaltung verschont sind.

Lohnenswert ist der Einkauf beim Biobauern. Alle Zusatzstoffe des industriellen Kraftfutters fallen weg. Da die Verbände für ökologische Landwirtschaft Viehfütterung mit Tiermehlen oder Milchaustauschstoffe für die Kälbermast ablehnen, ist zumindest über das Futter eine BSE-Infektion der Rinderbestände so gut wie ausgeschlossen. "Glückliche Biokühe" brauchen auch weniger Arzneimittel. Die Schadstoffe aus der allseits gegenwärtigen Luft- und Bodenverunreinigung durch unsere industrielle Wirtschaftsweise, denen auch wir Menschen ständig ausgesetzt sind, lassen sich leider nicht vermeiden.

Wer nicht gegen das Fleisch einer bestimmten Tierart allergisch ist, kann, ausgestattet mit diesen Faustregeln, unbesorgt aus dem reichhaltigen Angebot auswählen.

Bei allen Wurstwaren: Zutatenliste studieren, wenn sie abgepackt sind. Lose Ware kann im Zweifelsfall alles enthalten. Suchen Sie einen Metzger, dem Sie vertrauen wollen. Bei Zöliakie hilft die Deutsche Zöliakie-Gesellschaft (Adresse im Anhang S. 166).

Fette und Öle

Wir nehmen **pflanzliche Fette** aus den Samen oder Früchten von allerlei Pflanzen auf oder verzehren **tierische Fette** in Form von fettem Fleisch, Wurst, ausgelassenem Schmalz, Butter oder Käse. Wichtig ist die Zufuhr genügend ungesättigter Fettsäuren, die zum Aufbau biologisch aktiver Membranen im Körper benötigt werden. Die essentiellen mehrfach ungesättigten Fettsäuren können vom Körper nicht selbst aufgebaut werden und müssen deshalb in angemessener Menge in unserer Nahrung enthalten sein. Pflanzliche Fette liefern mehr ungesättigte Fettsäuren als tierische. Einen besonders hohen Gehalt weisen z.B. Sonnenblumen- und Distelöl auf.
Weniger erwünscht ist heute der hohe Brennwert des Fettes, da wir Mitteleuropäer heute meist viel mehr davon essen, als wir durch Bewegung und körperliche Arbeit verwerten können. Der Überschuss wird als Reserve eingelagert und macht sich als Fettpolster und durch Zivilisationskrankheiten bemerkbar. Deshalb sollten wir so sparsam wie möglich mit Fett umgehen.

Ölgewinnung aus Pflanzen

Man kann die Ölfrüchte oder Ölsaaten auspressen. Dadurch gewinnt man das besonders teure, kaltgepresste Öl. Warmpressen erhöht die Ausbeute, dabei werden aber hitzeempfindliche Inhaltsstoffe zerstört. Am ergiebigsten ist die Extraktion mit Hilfe von Lösungsmitteln. Das so gewonnene Öl muss durch Raffinieren von verschiedenen unerwünschten Begleitstoffen gereinigt werden. Es ist natürlich nicht besonders vollwertig.

Pflanzenöl

Unter den Ölen sind natürlich die wertvollsten die kaltgepressten. Sie werden aus ausgesuchten Ölsaaten schonend gepresst, das ablaufende Öl darf nicht wärmer als 40 °C sein. Diese Öle enthalten besonders viel wertvolles Vitamin E und ungesättigte Fettsäuren. Sie werden nur kalt filtriert. Allerdings ist das intensive Aroma der verschiedenen Ölfrüchte nicht jedermanns Geschmack. Das wohl bekannteste Beispiel dafür ist Olivenöl. Nur, wo "kaltgepresst" draufsteht, ist auch kaltgepresst drin. Olivenöl ist oft italienisch beschriftet, kaltgepresst heißt: "Olio extra Vergine di Oliva".

Kaltgepresste Öle eignen sich vor allem für Salate oder als Geschmackszutat. Sie sind nicht sehr hoch erhitzbar und sollten nicht zum Braten verwendet werden. Neutrales, nicht kaltgepresstes Öl, etwa Sonnenblumen- oder Distelöl, eignet sich dazu besser, besonders für nicht paniertes Fleisch, weil es sich sehr hoch erhitzen lässt und die Poren schnell verschließt.

Falls Sie wissen, dass Sie gegen eine bestimmte Ölfrucht allergisch sind, sollten Sie das daraus gewonnene Öl meiden. Besonders oft sind Nussallergiker davon betroffen (z.B. Erdnussöl).

Ölverarbeitung

Um aus flüssigen Ölen streichfähige Fette zu gewinnen, werden sie gehärtet. Dabei kann als Katalysator Nickel verwendet werden. Das Nickel wird später wieder entfernt, Spuren davon können allerdings im Endprodukt zurückbleiben und eventuell allergische Reaktionen auslösen. Durch Härtung verändert sich die chemische Struktur, aus ungesättigten Fettsäuren werden gesättigte, die für die Ernährung weniger wertvoll sind.

Nach diesem Exkurs nun etwas zu den Endprodukten, die in der Küche Verwendung finden.

Margarine

Margarine wurde im vorigen Jahrhundert als billiger Ersatz für Butter entwickelt. Es gibt heute die verschiedensten Qualitäten aus ganz verschiedenen pflanzlichen und tierischen Fetten, Emulgatoren und Zusatzstoffen. Meist bestehen die Margarinen aus Gemischen. Der Name einer Pflanze darf dann als Produktbezeichnung verwendet werden, wenn das Erzeugnis zu mindestens 97 % aus deren Öl besteht. Man kann davon ausgehen, dass sie gehärtet sind, sofern nichts Gegenteiliges auf der Verpackung vermerkt ist.

Margarine wird als Brotaufstrich, zum Braten und zum Backen angeboten. Halbfettmargarine darf nur 41% Fett enthalten, der Rest besteht aus Wasser mit den entsprechenden Bindemitteln (ganz oft glutenhaltig). Sie ist zum Braten ungeeignet. **Ansonsten kann man Margarine in den Rezepten gut anstatt Butter einsetzen**. Dass sie kaum in diesem Buch vorkommt, hat persönliche Gründe: Mein Herz schlägt für Butter!

Wer Margarine verwenden will, weil er auf Milch allergisch reagiert, muss jedoch wissen, dass die gängigen Margarinesorten durchaus Milchbestandteile enthalten können. Ob im Reformhaus oder Supermarkt**, es ist bei dem unüberschaubaren Angebot unumgänglich, die Zutatenliste genauestens zu studieren** und im Zweifelsfalle nachzufragen. Es können z.B. Molke, Milch oder Joghurt zugesetzt sein. Es gibt verschiedene Diätmargarinen, die für Milchallergiker geeignet sind. Es muss auf der Verpackung vermerkt sein: Ohne Lactose (Milchzucker) und Milcheiweiß. Aufmerksamkeit ist auch bei dem Emulgator Lecithin (E 322) angebracht. Er kann, muss aber nicht aus Hühnerei gewonnen sein.

Eine besonders wertvolle Margarine besteht aus viel ungehärteten Fetten und weist einen hohen Anteil an ungesättigten Fettsäuren bzw. kaltgepressten Pflanzenölen auf. Das muss in genau dieser Formulierung auf der Packung vermerkt sein.

Pflanzencremes

Es gibt halbfeste Pflanzenfette zum Braten und Kochen von vielen Herstellern unter den verschiedensten Namen. Man erzielt mit den meisten durchaus akzeptable Ergebnisse in der Pfanne. Es gilt für diese Produkte dasselbe wie für Margarine: Ganz genau die Zutatenliste studieren. Sie bestehen aus den verschiedensten Gemischen von Pflanzenölen und -fetten und können durchaus auch Milchbestandteile oder Gluten enthalten. Achten Sie darauf, wenn Lecithin enthalten ist, aus welchem Ausgangsstoff es hergestellt wurde.

Pflanzenfett

Zum Braten werden verschiedene Pflanzenfette von mehr oder weniger fester Beschaffenheit angeboten. Sie haben den Vorteil, dass man sie besonders hoch erhitzen kann, sie eignen sich deshalb besonders zum Braten von unpaniertem Fleisch. Empfehlenswert ist z. B. ungehärtetes Kokosfett.

Butter

Butter ist eines unserer wichtigsten tierischen Speisefette. Sie wird durch Schütteln oder Schlagen aus Sahne hergestellt. Dadurch ballt sich das Milchfett zusammen und die restlichen Bestandteile werden als Buttermilch abgeschieden. Butter enthält 81 - 85 % Fett, 14 - 16 % Wasser und bis zu 2 % fettfreie Trockenmasse. Sie eignet sich hervorragend für Gebäcke, und wenn es darum geht, Formen oder Kuchenbleche zu fetten, kenne ich kein Fett, das eine bessere "Antihaftwirkung" hat (es geht aber auch mit Margarine ganz gut, Achtung, suchen sie die richtige aus S. 34). Beim Braten in der Pfanne erzielt man bei relativ niedrigen Temperaturen eine wunderbar sanfte Bräunung. Sie ist besonders geeignet, um paniertes Fleisch oder Pfannkuchen zu braten. Vorsicht, bei hohen Temperaturen wird sie braun, verbrennt und riecht auch unangenehm. Milchallergiker sollten sich mit ihrem Arzt beraten, ob sie unbedingt auf Butter verzichten müssen, da sie hauptsächlich aus dem Fett der Milch besteht und Milcheiweiß und Lactose größtenteils abgetrennt sind. Für Menschen, denen die Konzentration dieser Stoffe in Butter immer noch zu hoch ist, besteht die Möglichkeit, in der Küche Butterschmalz zu verwenden. Hier sind durch Auslassen Lactose und Milcheiweiß bis auf winzigste Spuren entfernt. Butterschmalz hat beim Braten dieselben guten Eigenschaften wie Butter, läßt sich aber höher erhitzen. Da die Herstellung von Butterschmalz in Deutschland subventioniert wird, muss es eindeutig erkennbar sein. Deshalb wird ihm als Indikator eine winzige Menge des Pflanzenfettes Stigmasterin zugefügt. Außerdem wird es mit Stickstoff aufgeschäumt, um es geschmeidiger zu machen. Es ist jedoch nicht gehärtet, der Stickstoff entweicht beim Erhitzen restlos.

Für Halbfettbutter gilt das Gleiche wie für Halbfettmargarine (S.34).
Butter und Butterschmalz kann man getrost in jedem Supermarkt kaufen.

Sonstige tierische Fette

Weitere tierische Fette sind Schmalz, Wurstfett oder Rinderfett. Sie werden durch Auslassen des Fettes von Tieren hergestellt, meist sind es Schweine, Rinder, Enten oder Gänse. Sie werden rein oder mit Zusätzen wie Zwiebeln, Äpfeln und Gewürzen angeboten. Achten Sie darauf, dass keine Gewürze enthalten sind. Wurstfett enthält das Gewürz der Würste! Schweine- und Gänseschmalz ist ein leckerer Brotaufstrich. Man kann ausgelassenes Fett ohne Gewürze zum Braten, Fetten von Kuchenformen und sogar zum Plätzchenbacken verwenden. Früher wurde es von vielen Hausfrauen aus Kostengründen eingesetzt. In diesem Buch habe ich ein Rezept aufgenommen für Menschen, die mit keinem anderen Fett zurechtkommen. Schmalz sollten Sie immer beim Metzger kaufen. Im Kühlregal der Supermärkte finden Sie zu oft minderwertige Ware. Und seien Sie unvoreingenommen: Ich habe das Schmalzgebäck meiner Tante als ausgefallene Köstlichkeit in Erinnerung.

Getreide

Glutenhaltige Getreide: Weizen, Roggen, Hafer, Gerste, Dinkel, Grünkern, Einkorn, Urkorn, Emmer, Kamut, Triticale.

Getreide gehört in vielfach verarbeiteter Form zu unseren Grundnahrungsmitteln. Bei uns wird heute großflächig Weizen, Roggen, Hafer, und Gerste angebaut. Dinkel ist eine Abart des Weizens, die früher weiter verbreitet war und erst in den letzten Jahren wieder an Bedeutung gewinnt. Da sein Eiweiß sich etwas von dem des Weizens unterscheidet, ist er für viele (nicht alle) Weizenallergiker verträglich. (Falls Sie Dinkel besser vertragen als Weizen, tauschen sie ihn in den entsprechenden Rezepten aus.) Alle diese heimischen Getreidesorten enthalten Gluten und sind für Zöliakie-Betroffene verboten. Grünkern wird aus Dinkel hergestellt und ist ebenfalls nicht glutenfrei.

Normalerweise bekommen wir nicht die Getreidekörner, sondern Weizen- und Roggenmehl, Haferflocken oder Gerstengraupen zu kaufen. Haferflocken sind immer Vollkornprodukte, bei Graupen wird die Randschicht der Gerste abgeschliffen, und unsere Mehle sind meist Auszugsmehle. Sie enthalten nur den Mehlkörper des Kornes, in dem Stärke und Klebereiweiß konzentriert sind. Die Randschichten des Kornes und der Keim werden bei der Herstellung entfernt, um die Backeigenschaften zu verbessern und die Haltbarkeit zu erhöhen. Sie enthalten die für die Verdauung so wichtigen Ballaststoffe, Fett, Mineralstoffe und Vitamine. An der Typenzahl der Mehlsorten kann man erkennen, bis zu welchem Prozentsatz die Randschichten entfernt wurden. Sie gibt an, wie viel Milligramm Mineralstoffe bei der Verbrennung von 100 g Mehl als Asche zurückbleiben. Da die Mineralstoffmenge durch Entfernen der Randbestandteile und des Keimes abnimmt, hat man eine verlässliche Maßeinheit für den Ausmahlungsgrad. Die Skala geht bei Weizen von 405 bis 2 000, bei Roggen von 610 bis 1 800. Das seit Generationen übliche weiße Weizenmehl hat die Typennummer 405. Weitere gängige Mehlsorten sind Weizenmehl 1050 und Roggenmehl 997. Es wird inzwischen auch immer mehr Vollkornmehl angeboten. Das ist allerdings immer erhitzt, um die Haltbarkeit zu gewährleisten. Daher sind hitzeempfindliche Vitamine nicht mehr enthalten. Da immer mehr Menschen ihr Mehl wieder selber mahlen, gewinnen jetzt selbst in den

Supermärkten Roggen- und Weizenkörner an Boden. Wer öfter mahlt und backt, ist gut beraten, sich sein Getreide beim Biobauern in größeren Mengen zu kaufen. Achten Sie darauf, dass es gut gereinigt ist. Größere Vorräte sollten nicht in der Küche aufbewahrt werden. Der Kleiderschrank ist in einem „Stadthaushalt" ein sehr geeigneter Aufenthaltsort, kühl und trocken. Achtung, regelmäßig auf Befall mit Mehlmotten oder Kornkäfern kontrollieren. Gegen Kornkäfer hilft regelmäßiges Wenden des Getreides.

Leider sitzen die meisten Allergene in den nährstoff- und ballaststoffreichen Randschichten der Getreidekörner. Deshalb kann es für Sie als Allergie-Betroffene sinnvoll sein, sich über die „Vollwert-Doktrin" hinwegzusetzen und Auszugsmehle zu verwenden. Sie benötigen dann in der Regel etwas weniger Flüssigkeit, weil diese Mehle weniger stark quellen als Vollkornmehl.

Hirse und Buchweizen

Besonders für Zöliakie-Betroffene ist es natürlich wichtig, über Alternativen zu unseren gängigen Getreidearten Bescheid zu wissen. Da sind zuerst Hirse und Buchweizen, die früher einmal bei uns heimisch waren. Diese Pflanzen sind sehr anspruchslos und waren die Speise der armen Leute. Davon kündet noch heute das Märchen vom Süßen Brei, der aus Hirse besteht.

Hirse- und Buchweizenkörner gehören inzwischen zum Angebot jedes Supermarktes. Buchweizenmehl ist wesentlich billiger als ganze Körner. Der Grund für den niedrigen Preis: Buchweizen muss in einem komplizierten Mahlgang geschält werden. Dabei gibt es viel Bruch, weil Buchweizenkörner sehr weich und die Spelzen sehr hart sind. Die zerbrochenen Körner werden zu preisgünstigem Mehl vermahlen.

Mit Hirse und Buchweizenmehl kann man wunderbare Dinge backen!

Reis

Reis ist fast zu einem unserer Grundnahrungsmittel geworden, obwohl er hier nicht heimisch ist. Wir kennen die gekochten Körner als Beilage zu vielen Gerichten. Es gibt den weißen, polierten Reis und Naturreis, dessen Körner noch alle wertvollen Randschichten enthalten. Man kann Reis auf der Haushaltsmühle mahlen und verbacken oder zum Binden von Saucen verwenden. Wer es weniger rustikal liebt: Die Hammermühle (Adresse im Anhang S. 168) bietet auch Reis-Auszugsmehl an. Schwarzer Wildreis galt bis vor einiger Zeit als glutenhaltig. Das wurde inzwischen widerlegt.

Achtung: Parboiled Reis ist kein Naturreis. Niemals mahlen. Es kommen nur Krümel raus!

Mais

Mais, das Korn der Inkas, bekommen wir nur selten als ganze Körner zu sehen. Die Maiskörner aus dem Supermarkt sind für Popcorn bestimmt. Manchmal gibt es im Naturkosthandel auch normalen Speisemais, aber nicht alle Haushaltsmühlen bewältigen solche "Brocken" wie Maiskörner. Deshalb werden viele von Ihnen auf fertiges Mehl zurückgreifen müssen. Maismehl aus dem vollen Korn ist gelblich. Außerdem wird der etwas grobere Maisgrieß, Polenta, angeboten. Für beide Produkte gilt: Nur, wo Vollkorn draufsteht, ist auch Vollkorn drin. Achtung: Popcornmais ist nicht zum Mahlen geeignet.

Amaranth und Quinoa

In den letzten Jahren haben zwei "alte", für uns neue glutenfreie Getreidearten aus Südamerika die Regale der Reformhäuser und Bioläden erobert und erscheinen auch immer öfter im Supermarkt:
Die winzigen Körner des Amaranth enthalten besonders viel der essentiellen Aminosäure Lysin, wertvolle Mineralstoffe und leicht verdauliche Kohlehydrate. Im Handel sind Körner und Popps, eine schmackhafte Zutat für Müsli.
Auch die etwas größeren Körner von Quinoa lohnen einen

Integrationsversuch in unsere glutenfreie Küche, weil sie sehr reich an hochwertigem Eiweiß sind.

Alle diese Getreide und Getreideprodukte gibt es aus konventionellem Anbau oder in der "Bio-Version". Bio-Produkte sind nur echt, wenn sie den Vermerk "aus kontrolliert biologischem Anbau" tragen. Sie sind inzwischen nicht nur im Naturkostladen und Reformhaus, sondern auch in Supermärkten erhältlich.

Spezielle Bindemittel

Ein sehr praktischer Ersatz für glutenhaltiges Getreide beim Binden von Speisen ist Johannisbrotkernmehl. Es wird aus den Samen des Johannisbrotbaumes hergestellt. Es wird einfach in Flüssigkeit eingerührt und bindet sowohl kalte als auch warme Speisen. Gibt es in den meisten Bio-Sortimenten.

Auch Agar-Agar ist ein glutenfreies Bindemittel, das aus Algen hergestellt wird. Man kann es ähnlich wie Gelatine einsetzen: In Flüssigkeit aufkochen und kühlstellen, dann wird es fest.

Sojaprodukte

Soja hat in der Lebensmittelherstellung eine viel größere Bedeutung, als allgemein angenommen wird. Besonders in Backwaren und Cremes ist es oft als Zutat enthalten. Leider ist eine Allergie gegen Sojaeiweiß gar nicht so selten und kommt oft sogar in Verbindung mit Milchunverträglichkeiten oder -allergien vor. Trotzdem habe ich Sojaprodukte mit aufgenommen, da sie gut Eier oder Milch ersetzen können. Es lohnt sich für Betroffene, nachzuforschen, ob sie Soja vertragen.

Es gibt verschiedene Sojasorten. Ausgangsprodukt für die gängigen Sojaprodukte sind die gelben Sojabohnen. Wichtig für die Rezepte dieses Buches sind Sojamilch, Tofu und Sojamehl. Sojamehl wird durch Vermahlen der Bohnen gewonnen. Nicht alle Haushaltsmühlen schaffen solche "Brocken". Außerdem müssen die Bohnen vorher zur Entbitterung und Neutralisierung des "Trypsinhemmers" geröstet werden. Deshalb kauft man das Mehl besser im Reformhaus oder im Bioladen. Es wird als Vollfettmehl oder entfettet angeboten.

Sojamilch wird durch Verkochen von pürierten, eingeweichten Sojabohnen mit Wasser hergestellt. Ähnlich wie bei der Käseherstellung flockt durch Zufügung eines Gerinnungsmittels das Eiweiß dieser Milch aus. Die Flocken werden gepresst, so entsteht Tofu. Sofern sie keine Verdickungsmittel, Gewürzmischungen oder andere Geschmackszutaten enthalten, sind diese Produkte in der Regel unbedenklich, was Gluten, Hühnerei und Milch betrifft. Sie lassen sich vielseitig in der Küche einsetzen. Sojamilch und Tofu gibt es inzwischen auch im Supermarkt.

Vor den sehr beliebten Sojasaucen sei hier noch einmal besonders gewarnt: Je nach Sorte enthalten sie außer fermentierten Sojabohnen auch Weizen, sind also glutenhaltig.

Süßungsmittel

Weißer Zucker und „Vollwertkost“ vertragen sich nicht. Strenge Vollwertköstler betonen sogar immer wieder, dass man eigentlich keine speziellen Süßungsmittel braucht. Aber wir mögen es nun einmal süß! In den Rezepten dieses Buches werden „alternative“ Zutaten verwendet, die im Folgenden beschrieben sind.

Eine besondere Delikatesse ist Ahornsirup, der eingedickte Saft kanadischer Ahornbäume. Er ist dünnflüssig und bräunlich oder gelblich. Der sonnengelbe ist der beste! Sie finden ihn in den meisten Supermärkten. (Achtung, es gibt Sorten, die Gluten enthalten)

Weiter ist Honig zu nennen. Hier ist bei Pollenallergikern Vorsicht geboten, da die Bienen beim Honigsammeln natürlich auch die Pollen der Blüten mitnehmen. Honigtauhonig besteht nicht aus Blütennektar, sondern aus Abscheidungen von Läusen, die auf Tannen leben. Er enthält keine Blütenpollen. Er wird auch als Wald- oder Tannenhonig bezeichnet. Die beiden letzteren Bezeichnungen werden aber oft nicht so eng gesehen, so dass auch ein solcher Honig mit Blütenpollen verunreinigt sein kann. Im Zweifelsfalle ist die Sorte auszutesten, die Ihnen am besten bekommt. Besonders mild und süß schmeckt Lindenhonig, Löwenzahn- oder Tannenhonig sind herbe Sorten.

Kunsthonig besteht aus industriell hergestelltem Zucker.

Immer beliebter bei Vollwertköstlern und Teetrinkern wird brauner Zucker. Es gibt inzwischen ein großes Angebot an Vollrohrzucker und Rohrohrzucker. Er entsteht, indem man Zuckerrohrsaft filtert und eindickt, danach entweder kristallisiert oder trocknen lässt und vermahlt. Es gibt ganz verschiedene Sorten, die Sucanat, Demerara oder Muscovado heißen können. Je dunkler, desto weniger Süße und desto mehr Eigengeschmack enthalten sie. Muscovado schmeckt für mich eindeutig nach Lakritze! Probieren Sie verschiedene aus. Gute Hersteller dokumentieren die Produktionsweise in informativen Broschüren und im Internet.

Wer nicht mit braunem Zucker zurechtkommt, tausche ihn in den Rezepten gegen ganz gewöhnlichen weißen aus. Er löst keine Allergien aus und ist, in Maßen genossen und als Bestandteil einer abwechslungsreichen Ernährung, keinesfalls gesundheitsschädlich.

Honig und Ahornsirup kann man in den einzelnen Rezepten nach Belieben vertauschen, wer jedoch den Zucker durch ein flüssiges Süßungsmittel ersetzen will (oder umgekehrt), muss sich darauf gefasst machen, dass das nicht immer klappt.

Achtung: Malzextrakt, der auch als alternatives Süßmittel empfohlen wird, ist nicht glutenfrei, weil er meist aus Gerste hergestellt wird. Es gibt aber auch Malz aus Mais.

Zum Schluss noch ein Hinweis: In Bezug auf Karies sind alle genannten Produkte gleich schädlich, egal wie "gesund" sie sein mögen. Deshalb: Zähneputzen nicht vergessen. Und wer allzu viel Süßes nascht, ist nie vor Übergewicht sicher.

Gewürze

Gewürze sind für viele Allergiker ein Problem. Da die Verträglichkeit ganz individuell verschieden ist, hier einige allgemeine Tipps: Verwenden Sie die Sorten immer getrennt, so finden Sie besser heraus, was Sie vertragen oder nicht. Würzmischungen sind zu meiden, sie enthalten oft unverträgliche Stoffe.
Das gilt auch für Flüssigwürze. Unter Würzmischung fallen z.B.: Curry, Chilipulver, Mischungen für Steak, Hähnchen, Fisch u.s.w. Manche der beliebten Sojasaucen sind mit Weizen angereichert und somit glutenhaltig.

Was den Essig für die Salatsauce betrifft, so ist reiner, chemisch hergestellter Essig oder Essigessenz zum Verdünnen zu bevorzugen, auch wenn es weniger vollwertig ist. Er besteht aus reiner Essigsäure und Wasser. Obst- und Weinessige können mit Ei geklärt sein.

Milchprodukte

Milch wird vielfältig verarbeitet. Frische „Vorzugsmilch" direkt von der Kuh enthält alles, was die Natur für Kälber vorgesehen hat. Das ist natürlich am vollwertigsten, leider auch mit allen Allergenen drin. Um Milch haltbar zu machen, wird sie durch Erhitzen pasteurisiert oder zu H-Milch verarbeitet (nicht mehr vollwertig).

Um unsere geläufigen Milchprodukte herzustellen, behandelt man die Milch ganz verschieden: Man trennt das Fett in Form der Sahne ab, woraus in einem zweiten Schritt Butter hergestellt werden kann. Zurück bleibt entrahmte oder Magermilch. Durch Milchsäuregärung oder Fermentation entstehen verschiedenste Sauermilchprodukte wie Joghurt, Kefir und Quark und Käse.

Bevor Sie auf Grund einer ungenau definierten „Milchallergie" auf alle Milchprodukte verzichten, erkundigen Sie sich genau: Falls Sie an einer Lactoseintoleranz leiden, vertragen Sie möglicherweise manche Sauermilchprodukte oder lange gereiften Käse, weil bei der Herstellung die Lactose ganz oder teilweise abgebaut wird.

Allergien entwickelt man gegen die Eiweißbestandteile der Milch. Dann vertragen Sie vielleicht Butter, weil sie vorwiegend aus dem Milchfett besteht. Milch enthält verschiedene Eiweiße. Manche sind sehr hitzestabil, andere verändern sich beim Erhitzen, manche sind nur in Kuhmilch vorhanden und nicht in Schaf-, Stuten- oder Ziegenmilch. Es könnte also möglich sein, dass Sie im einen Fall hocherhitzte H-Milch, im anderen Ziegenmilch vertragen. Dr. Hintze gibt in seinem medizinischen Teil einführende Hinweise zu diesem Thema. Lassen Sie sich auf jeden Fall von Ihrem Arzt und einer Ernährungsberatung individuell beraten. Die im Anhang genannten Selbsthilfegruppen sind eine unschätzbare Quelle für kompetente Ansprechpartner.

Achtung: Vor unüberlegten Selbstversuchen wird gewarnt. Eine Haftung seitens der Autoren kann nicht übernommen werden.

Weiterführende Literatur zum Thema: Karin Buchart: „Nahrungsmittelallergie“ , Literaturangabe im Anhang S. 164

Wer an Zöliakie leidet, muss auf die Zusatzstoffe von Milchprodukten achten. Meiden Sie möglichst alle Produkte mit Gewürzen oder anderen Geschmackszutaten. Besonders Joghurt mit Früchten und Käsecremezubereitungen können Gluten enthalten, ebenso alle Produkte mit Bindemitteln. Bevorzugen Sie Naturkäse und studieren Sie genauestens die Zutatenliste, auch bei Schlagsahne. Absolut zu meiden ist Blauschimmelkäse, da die Schimmelkulturen im Inneren auf Brotkrumen gezüchtet werden.

Falls Sie auf Milch ganz verzichten müssen und befürchten, zu wenig Calcium aufzunehmen, hier einige Lebensmittel, die dieses Mineral in hoher Konzentration enthalten: Petersilie, Schnittlauch, Broccoli, Kresse, Meerrettich, Mandeln, Haselnüsse, Sesam, Sonnenblumenkerne, weiße Bohnen, Kichererbsen, Sojabohnen, Sojamehl, Hafer. Vielleicht finden Sie ja unter diesen Lebensmitteln etwas, was Ihnen schmeckt und bekommt.

Obst und Gemüse

Obst und Gemüse sind natürlich am besten frisch. Versuchen Sie jeweils, die der Jahreszeit angemessenen Sorten zu wählen. Das entlastet auch den Geldbeutel. Eine gute Bezugsquelle ist ein Wochenmarkt oder der Einkauf beim Bauern direkt. Vielerorts gibt es inzwischen einen Bring-Service für frisches Ökogemüse der Saison.

Um in der Küche Zeit zu sparen, können Sie auf Tiefkühlgemüse ausweichen. Aber: bleiben Sie wachsam uns studieren Sie die Zutatenliste, damit Ihnen kein Zusatz durch die Lappen geht.

KLEINE KÜCHENKUNDE

„Werkzeuge" für Vollwertköche

Achtung: In einer Küche, in der gleichzeitig „Diät“ und „normal“ gekocht wird, müssen Sie mit Ihren vorhandenen Küchengeräten etwas bewusster „jonglieren“. Es ist wichtig, peinlich darauf zu achten, die Nahrungsmittel für die „Diät“ von den „normalen“ zu trennen. Am Anfang bedeutet das, viele Handgriffe, die man durch tägliches Wiederholen automatisiert hat, neu zu überdenken. Alle Geräte gründlichst reinigen, immer im separaten Topf und mit extra Küchenbesteck arbeiten, Küchenmaschinen zum Reinigen bis ins kleinste Detail zerlegen, damit sich keine Reste z.B. glutenhaltiger Speisen in den Ecken absetzen. Es ist sinnvoll, für das glutenfreie Getreide eine extra Mühle anzuschaffen. Lagern Sie Ihre Lebensmittel in gut verschließbaren Behältern separat. Möglichst die glutenfreien Vorräte über den normalen Sachen unterbringen, damit nichts „falsches“ von oben hineinfallen kann.

Eine besondere Küchenausstattung, die über die üblichen Töpfe, Pfannen, Messer und Schüsseln hinausgeht, ist nicht unbedingt notwendig.

Ein Messbecher für Flüssigkeiten, eine Küchenwaage und ein Handmixer zählen heute zur Standardausrüstung. Sinnvoll wäre es, sich zusätzlich einen Pürierstab anzuschaffen. Bei vielen Mixgeräten wird er als

Zusatznutzen angeboten. Für Lasagnenudeln braucht man ein großes Brett und ein ganz klassisches, altmodisches Nudelholz.

Wenn Sie einige besonderen Rezepte dieses Buches nachkochen wollen, hier die „besonderen“ Geräte, die vielleicht nicht in jedem Haushalt zu finden sind. Aus trockenem Brot kann man Paniermehl herstellen. Dazu braucht man eine einfache Handreibe, oder, wenn man es öfter macht, einen entsprechenden Einsatz in einer vielleicht schon vorhandenen Küchenmaschine. Zur Herstellung von Leberwurst braucht man einen Fleischwolf oder ein vergleichbares Werkzeug für die Maschine.

Wer selbst Spätzle machen möchte, sollte sich eine Spätzlepresse oder einen Spätzlehobel anschaffen. Diese Geräte sind zwar etwas sperrig, funktionieren aber sehr einfach und werden mit Muskelkraft betrieben. Wer außerhalb der klassischen süddeutschen Spätzlegegenden wohnt, muss in einem guten Haushaltswarengeschäft etwas stöbern oder nachfragen. Das sind aber schon die „Feinheiten“. Man kann auch ganz gut ohne sie zu Recht kommen.

Das einzige größere Küchengerät, über dessen Erwerb Sie nachdenken sollten, ist eine Haushaltsmühle. Einige der verwendeten Getreide bekommt man hierzulande nicht als Mehl. Natürlich können Sie die Körner im Naturkostladen mahlen lassen. Es ist jedoch zu bedenken, dass dort auch andere Getreide gemahlen werden, so dass das Mahlgut selbst bei sorgfältigster Behandlung mit Spuren anderer Mehle vermischt sein kann. Das ist besonders für Zöliakie-Betroffene nicht wünschenswert. Deshalb habe ich Ihnen einige Tipps zur Auswahl Ihrer Getreidemühle zusammengestellt.

Exkurs Mühlenkunde

Bei der Auswahl einer Mühle sollte man sorgfältig vorgehen.
Ohne Frage sollte Ihre Mühle elektrisch betrieben sein. In Ihrer Situation gehören Sie auf jeden Fall zu den "Vielmahlern" wenn sie sich entscheiden, Ihr Mehl selbst herzustellen. Mit einer handbetriebenen Mühle würden Sie da nicht weit kommen. Wählen Sie also ein elektrisches Modell. Es wird eine Vielzahl angeboten.

Von großer Wichtigkeit ist der Werkstoff, aus dem das Mahlwerk hergestellt ist. Sie haben die Wahl zwischen:

Stein: ergibt das feinste Mehl, weich und flockig, nicht für alle Körner geeignet, Mohn und Ölsaaten verkleben die Steine.

Stahl: besonders robust und universell, auch für Mohn und Ölsaaten geeignet, das Mehl wird nicht ganz so fein und flockig. Stahlmahlwerke sind klein und handlich, meist als Vorsätze für Küchenmaschinen zu haben.

Es ist wichtig, sich klar zu werden, ob man eine Mühle möchte, die ein eigenes Gerät für sich darstellt und nur zum Mahlen von Getreide dient oder einen Mahlvorsatz für eine eventuell schon vorhandene Küchenmaschine bevorzugt.

Es gibt inzwischen für fast alle Küchenmaschinen Mahlvorsätze. Es macht sich durchaus bezahlt bei der Auswahl derselben, immer das größte Modell einer Reihe zu wählen, allein schon wegen des leistungsstarken Motors. (700 oder 800 Watt und mehr).

Die Vorsätze für Küchenmaschinen haben in der Regel Kegelmahlwerke. Bei dieser Bauart ist immer der Werkstoff Stahl zu bevorzugen. Steinerne Kegelmahlwerke sind anfällig und haben insgesamt eine geringere "Lebenserwartung" als ihre unkaputtbaren Konkurrenten aus Stahl. Sie mahlen auch nicht immer besonders fein. Es kann gut sein, dass aus einem guten Stahlmahlwerk feineres Mehl kommt als aus einem steinernen Kegelmahlwerk.

Die Vorteile des Werkstoffs Stein kommen bei den Scheibenmahlwerken zum Tragen, die im Inneren der meisten Standgeräte verborgen sind. Sie sind nicht anfälliger als Stahlmahlwerke und mahlen das feine flockige Mehl, das wir so mögen. Nur Steinchen im Mahlgut können ihnen etwas anhaben.
Wichtig ist auch die Kapazität: Die Mühle sollte einen Einfülltrichter haben, der etwa 1 kg fasst, und diese Menge sollte nach höchstens 10 Minuten bewältigt sei.

Der Feinheitsgrad, der mit einer Mühle zu erzielen ist, wird in % angegeben. In DIN-Norm 10765 ist festgelegt, dass das der Anteil des gemahlenen Getreides ist, der durch ein Sieb mit der Maschenweite 0,3 mm fällt. Leider ist er in vielen Beschreibungen nicht angegeben.

Ideal zum Vergleichen ist eine Mahlprobe, aber da spielen viele Händler nicht mit. Am ehesten ist so ein Ansinnen in Bioläden durchzusetzen.

Wie immer Sie sich entscheiden, bestehen Sie im Geschäft darauf, dass man Ihnen die Mühle auseinander nimmt. Auch wenn der Verkäufer genervt reagiert. Sie werden sofort entdecken, welche Geräte einfach zu handhaben und zu reinigen sind und welche nicht.

Achtung Zöliakie-Betroffene:
Erkundigen Sie sich unbedingt, ob Ihre Mühle vom Hersteller eingemahlen wurde. Wenn ja, ist davon auszugehen, dass das mit glutenhaltigem Getreide geschah. Es gibt Firmen, die auf Anfrage glutenfrei einmahlen.

Backautomat

Wer einen Backautomaten besitzt oder anschaffen möchte: Ich habe einige meiner Brote einem solchen anvertraut und festgestellt, dass es "nicht immer, aber immer öfter" geklappt hat. Es erforderte ein bisschen Erfindungsgeist und Tüftelenergie und die Fähigkeit, Rückschläge zu verkraften. Wenn Sie Lust zum Experimentieren haben, versuchen Sie es trotzdem.

Achtung bei Billig-Geräten: preisgünstige Backautomaten verursachen immer wieder Brände. Man sollte sie nie unbeaufsichtigt betreiben.

Rezeptteil

In die Küche, fertig, los ...

Wenn Sie sich nun durch alle Erklärungen und Aufzählungen von "verbotenen Sachen" durchgekämpft haben, sollten Sie endlich zu dem übergehen, was in Ihrer Küche trotzdem möglich ist. Und das ist eine ganze Menge.

Ich habe die meisten Rezepte für vier Personen berechnet. Extrawürste zu braten und zu verzehren grenzt aus, und ich bin sicher, dass die Gerichte dieses Buches der ganzen Familie schmecken werden.

Nicht alle Rezepte sind frei von Milch **und** Hühnerei **und** Gluten. Manche sind ohne das eine **oder** das andere. Sie werden auch hin und wieder ein Gericht doppelt finden, einmal ohne Gluten, einmal ohne Ei oder Milch. Durch grafische Symbole können Sie auf den ersten Blick erkennen, welche Rezepte für Sie geeignet sind.

 glutenfrei

 ohne Hühnerei

 ohne Kuhmilch

Ich habe mich nach Kräften bemüht, Zutaten auszuwählen, die selten Allergien auslösen. Trotzdem ist es nicht auszuschließen, dass gerade Sie außer auf Ei auch auf Tomaten oder Erdbeeren allergisch reagieren. Deshalb erscheinen über jedem Rezept alle Zutaten zunächst ohne Mengenangaben, übersichtlich abgesetzt, so dass Sie schon im Vorfeld auswählen können. **Wenn in dieser Tabelle vor und hinter einer Zutat**

ein Ausrufezeichen erscheint, bedeutet das: Es ist bekannt, dass es Hersteller gibt, deren Rezeptur für dieses Produkt Milch, Ei oder Gluten enthält. Studieren Sie besonders genau die Zutatenliste und suchen Sie eine unbedenkliche Marke aus. Sie werden garantiert eine finden. Aber: diese Kennzeichnung erhebt keinen Anspruch auf Vollständigkeit. Es kann auch sein, dass es unter den nicht gekennzeichneten Lebensmitteln Marken gibt, die Sie aussortieren müssen.

Falls Sie unsicher sind, welches Fett für ein bestimmtes Gericht am besten ist, lesen Sie in der Lebensmittelkunde (S. 32ff) nach.

Da Gewürze allgemein für Allergiker problematisch sind, habe ich ihre Anzahl beschränkt gehalten. Wenn Sie ein Gewürz, das ich nicht angegeben habe, vertragen und es Ihnen schmeckt, fügen Sie es bitte unbedingt hinzu.

Oft habe ich Vorschläge gemacht, wie man ein Rezept nach den persönlichen Bedürfnissen abändern kann. **Unter den Varianten ist natürlich nicht jede für alle erlaubt.** Suchen Sie sich die passenden für sich aus.

Und nun: Viel Spaß beim Ausprobieren, Experimentieren, Kreieren und vor allen Dingen: Guten Appetit!

Ute Rabe

MORGEN-MUNTERMACHER

Mandelmilch

WASSER
MANDELN
BRAUNER ZUCKER

Pro Portion:

1 Glas Wasser, 8 Mandeln, 1 TL brauner Zucker

Die Mandeln mit kochendem Wasser überbrühen, 5 - 10 Minuten ziehen lassen und die Schalen abpellen. Mit Wasser und Zucker in einem Becher mit dem Pürierstab mixen.
Gut gekühlt oder mit Eiswürfeln servieren.

Milchshake

MANDELMILCH
OBST NACH WAHL

Pro Portion: *ein Glas Mandelmilch*

z. B. 1/2 Banane oder 4 – 5 Erdbeeren, oder 1/2 Pfirsich oder …

Aus der Mandelmilch kann man hervorragende Milchshakes bereiten, denen man gar nicht anmerkt, dass sie keine Milch enthalten.
Dazu einfach Früchte nach Wahl mitmixen. Besonders sämig und mild werden Bananen. Man braucht etwa 1/2 Banane pro Glas. Verlockend, wenn auch etwas gefährlich, sind Erdbeeren. Wer sie verträgt, sollte unbedingt seinen Milchshake mit vier bis fünf Früchten bereichern.

Frischkornmüsli

Weizen
Wasser
!Ahornsirup!

Pro Portion:

40 g Weizen, 50 ml Wasser, 1/2 TL Ahornsirup

Den Weizen grob schroten, über Nacht in Wasser einweichen und am nächsten Morgen mit Ahornsirup verrühren.
Nur als Frischkornmüsli können wir Getreide roh essen.
Der gequollene Schrot lässt sich leicht kauen. Enzyme, die normalerweise den Keimvorgang aktivieren, machen das Getreide leichter verdaulich und setzen Prozesse in Gang, die den Vitamingehalt im Frischkornmüsli erhöhen.

Variante: Wer Sauermilchprodukte verträgt, kann dem Müsli vor dem Verzehr z. B. einige Löffel Joghurt beifügen.

Achtung: Leider enthalten die rohen Getreidekörner mehr Allergene als verbackenes Mehl. Auch wer Weizenbrot verträgt, kann eventuell auf dieses Müsli reagieren. Kinder unter zwei Jahren können Frischkornmüsli nicht verdauen. Sie sollten kein rohes Getreide bekommen, auch wenn es in manchen Ratgebern empfohlen wird.

Birnenmüsli

Weizen
Wasser
Honig
Birne

Pro Portion:

40 g Weizen, 50 ml Wasser, 1/2 TL Honig, 1/2 Birne

Den Weizen grob schroten und über Nacht in 50 ml Wasser einweichen. Die Birne waschen, ausschneiden und bei Bedarf schälen. In Stücke schneiden oder raspeln. Alle Zutaten gut mischen.

Porridge

HAFER
WASSER

---

200 g Haferflocken, 1 l Wasser

Die Haferflocken in Wasser stark aufkochen. 15 - 20 Minuten lang köcheln lassen. Warm zum Frühstück servieren.
So einfach ist das Rezept für das berühmte britische Porridge. Sie können es englisch mit Zucker oder schottisch mit Salz würzen. Feine Flocken ergeben einen sämigeren Brei als grobe und haben eine etwas kürzere Kochzeit.

Kerne-Granola

MANDELN
NÜSSE NACH WAHL
SONNENBLUMENKERNE
SESAM
ÖL
!AHORNSIRUP!

---

50 g Mandeln, 50 g Nüsse nach Wahl, 100 g Sonnenblumenkerne, 50 g Sesam, 3 EL Öl, 3 EL Ahornsirup

---

Mandeln und Nüsse hacken. Mit den anderen Zutaten vermischen und auf einem Backblech fingerdick ausbreiten. Bei 200 °C 15 Minuten rösten. Abgekühlt lässt sich die Mischung gut in einem Schraubglas aufbewahren.
Die Mischung eignet sich als Zwischendurch-Knabberei, aber auch als Zutat zu Müsli.

Granola-Quark

Granolamischung
Quark

Pro Portion:

4 EL Quark, Granola Mix nach Belieben

Man kann nach Belieben alles vermischen oder die Granola-Mischung über den Quark streuen. Anstatt Quark eignet sich auch Joghurt oder Kefir. Wem der Ahornsirup in der Granolamischung nicht genug Süße gibt, der kann noch etwas nachsüßen.

Granola-Hafer

Hafer
Wasser
Granolamischung

Pro Portion:

40 g feine Haferflocken, 50 ml Wasser, Granola-Mix nach Belieben

Haferflocken mit Wasser mischen. Wenn man sie etwas weichen lässt, werden sie auch ohne Milch sämig. Mit Granola-Mix bestreuen oder vermischen.

Variante: Man kann statt Wasser das Müsli auch mit Sojamilch bereiten.

Birchermüsli

HAFER
SOJA- ODER MANDELMILCH
NÜSSE
OBST
!AHORNSIRUP!

Pro Portion:

40 g feine Haferflocken, 50 - 60 ml Soja- oder Mandelmilch (Rezept S. 52), 4 EL Nüsse nach Wahl, 50 g frisches Obst der Saison, 1 TL Ahornsirup

Die Haferflocken zwei Stunden in Soja- oder Mandelmilch einweichen. Obst und Nüsse zerkleinern. Je nach Geschmack können Sie die Nüsse raspeln, hacken oder auch ganz lassen. Alle Zutaten vermischen.

Kasha

BUCHWEIZEN

Kasha ist gerösteter Buchweizen. Man kann ihn herstellen, indem man die ganzen Körner ohne Fett auf einer schweren Pfanne unter ständigem Rühren etwa 5 Minuten röstet, bis ein aromatischer Duft aufsteigt und die Körner bräunen. Immer nur den Boden der Pfanne mit Körnern bedecken.
Kasha eignet sich als Knabberei und als Zutat zu allen Müslis und Blattsalaten.
Lässt sich gut auf Vorrat herstellen und trocken aufbewahren.

Quinoa und Amaranth

QUINOA
AMARANTH

Es gibt Flocken aus Quinoa und Amaranth fertig zu kaufen. Ganz bestimmt im Bioladen und inzwischen auch im Körner- oder Cerealien-Sortiment der Supermärkte. Damit kann man jedes Müsli zur Abwechslung mal aufpeppen. Genau die Zutatenliste studieren!

So ein Gemüse!

Universalrezept Gemüse

Gemüse nach Wahl
Wasser
Salz

etwa 800 – 1 000 g Gemüse, Kochwasser, etwas Salz

Das Gemüse waschen, putzen und kleinschneiden. In einen Topf geben, salzen und Wasser beifüllen, bis der Boden fingerbreit bedeckt ist. Die Wassermenge ist unabhängig von der Menge des Gemüses. Bei starker Hitze ankochen, bis eine Dampffahne am Deckelrand erscheint, die Hitze drosseln und auf kleinster Stufe 20 bis 30 Minuten garkochen. Der Deckel darf bei dieser Garmethode nicht zwischendurch abgehoben werden, da sonst zuviel Wasser entweicht und das Gemüse anbrennen könnte.
Auf diese Weise kann man viele Gemüse zubereiten, zum Beispiel:
Möhren, Pastinaken, Kohlrabi, Kohlrüben, Blumenkohl, Broccoli, Rosenkohl, Weißkohl, Sellerie (Achtung, viele reagieren allergisch darauf, trotzdem sei er für die Glücklichen, die ihn vertragen, genannt), grüne Bohnen oder Schwarzwurzeln.
Sie können das Gemüse "natur" reichen, auf der Pfanne in etwas Fett schwenken oder mit einer Sauce aus dem Saucen-Kapitel (S. 90ff) servieren. Stellen Sie mit Kartoffeln oder Reis und Fleisch (S. 72ff) ein Hauptgericht zusammen.

Kartoffeln

Kartoffeln
Wasser
Salz

etwa 1 kg Kartoffeln, 1 TL Salz, Kochwasser

Von Friedrich dem Großen als "Waffe" gegen Hungersnöte eingeführt, gilt die Kartoffel bei uns inzwischen als sättigende Beilage. Man kann sich gar nicht mehr vorstellen, dass unsere Vorfahren noch vor 500 Jahren ohne diese Knolle auskamen. Und auch, dass Kartoffelgerichte als exotische Spezialität an den Höfen gereicht wurden, finden wir heute eher kurios.
Kartoffeln haben nicht überall den Stellenwert wie bei uns. In Frankreich fallen sie eher unter die Kategorie Gemüse und werden in wesentlich kleineren Mengen verzehrt.
Für den deutschen Geschmack braucht man für 4 Personen ca. 1 kg Kartoffeln, etwas Salz und etwas Kochwasser.
Man koche Kartoffeln in einem nicht zu großen Topf. Die Menge des Kochwassers soll so bemessen sein, dass der Topfboden fingerbreit bedeckt ist, unabhängig von der Menge der Kartoffeln. Auf stärkster Stufe ankochen, wenn eine Dampffahne am Deckelrand erscheint, bei minimaler Temperatur 30 Minuten garkochen. Den Deckel während der ganzen Zeit geschlossen halten, damit der Wasserdampf im Topf bleibt.

Diese Garmethode kann man für Pellkartoffeln, die man in der Schale kocht, genauso anwenden wie für geschälte Kartoffelstücke. Letztere schwach salzen.
Geschälte Kartoffeln sofort kochen, da sie sonst schwarz werden. Man kann das verhindern, indem man sie mit Wasser bedeckt. Das sollte aber die Ausnahme bleiben, da dabei wertvolle Inhaltsstoffe ausgelaugt werden.
Versuchen Sie niemals, Kartoffeln "in Etappen" zu kochen. Wenn sie "auf halber Strecke" einmal ausgekühlt sind, werden sie nicht mehr gar, egal wie lange man sie weiterkocht.

Hokkaidokürbis

HOKKAIDOKÜRBIS
WASSER
SALZ
KRÄUTER NACH BELIEBEN

1 Hokkaidokürbis, etwa 1 kg, Kochwasser, 1 Prise Salz, Kräuter und Gewürze nach Belieben

Hokkaidokürbis ist ein wunderbar mildes Gemüse, das sich vielfältig variieren lässt. Diese Kürbisse werden nicht besonders groß und sind deshalb sehr handlich. Wenn der Kürbis in einem Gericht die Stelle von Kartoffeln einnehmen soll, brauchen Sie für 4 Personen eine mittlere Frucht, die etwa 1kg bis 1 ½ kg wiegt.

Den Kürbis aufschneiden, schälen und die Kerne entfernen. Kleinschneiden und mit einer Prise Salz und fingerbreit Wasser im Topf aufsetzen. Stark ankochen, bis eine Dampffahne am Deckelrand erscheint und dann auf kleinster Flamme und mit geschlossenem Deckel 20 bis 25 Minuten fertig garen. Je länger Hokkaidos gekocht werden, desto weicher sind sie und können zu einem sämigen Püree verarbeitet werden. Wenn Sie sie als Stücke servieren wollen, müssen sie etwas eher vom Herd.

Wer Stücke möchte, muss natürlich das Kochwasser abschütten. Für ein Püree ist es sinnvoll, die weichgegarten Kürbisse und das Kochwasser zusammen mit einem Pürierstab zu pürieren. Bei Bedarf noch etwa Wasser hinzufügen.

Varianten: Dieses Grundrezept können Sie nach Ihren Möglichkeiten variieren: Die Stücke kann man mit gehackten Kräutern, gerösteten Zwiebeln oder ausgelassenem Speck garnieren, das Püree macht sich gut, wenn man z.B. ein Stück Butter, Sahne oder geriebenen Käse untermischt.

Reis als Beilage

Reis
Wasser
Salz

400 g Reis, 800 ml Wasser, 1 TL Salz

Alle Zutaten in einen Topf geben, stark ankochen und bei schwacher Hitze 30 Minuten ausquellen lassen. Die Körner haben dann alles Wasser aufgesaugt. **Variante:** Auf die gleiche Weise können Sie Grünkern-Körner als Beilage zubereiten. Achtung: Grünkern ist nicht glutenfrei.

Sellerie, überbacken

Sellerie
Champignons
Wasser
Sauce Hollandaise

1 große Sellerieknolle, ca. 700 g, 400 g Champignons, Kochwasser

Sauce Hollandaise (S. 91f) nach Rezept 2 (Rezept 1 enthält Butter)

Sellerie waschen, schälen und in Scheiben schneiden. Im Topf mit fingerbreit Wasser stark ankochen. Wenn sich eine Dampffahne bildet, auf schwächste Stufe stellen und 15 Minuten bei geschlossenem Deckel köcheln lassen. Die Pilze waschen, putzen und in ganz dünne Scheiben schneiden. Nach dem angegebenen Rezept eine Sauce Hollandaise zubereiten. Den garen Sellerie in eine flache Auflaufform legen und die rohen Pilze darauf schichten. Mit der Sauce übergießen und bei 200 °C 10 Minuten überbacken.
Dazu passen Reis, Kartoffeln oder Nudeln.

Weißkohleintopf

Weißkohl
Kartoffeln
Wasser
Salz

1,3 kg Kartoffeln, 700 g Weißkohl, ca. 100 ml Wasser, Salz

Kartoffeln schälen und in Scheiben schneiden, Weißkohl waschen und kleinschneiden. Wasser in einen Topf geben. Es soll den Boden fingerbreit bedecken. Nun abwechselnd Kartoffeln und Kohl einschichten. Mit Kartoffeln beginnen. Auf jede Schicht etwas Salz streuen. Bei großer Hitze ankochen, bis sich eine Dampffahne am Deckelrand zeigt. Die Hitze

drosseln und auf kleinster Stufe 30 Minuten garkochen.
Wer Kümmel verträgt (und mag), kann ganze Körner mitkochen. Er wirkt übrigens den Blähungen entgegen, die Kohl verursacht.
Dazu passt ein kräftiger Braten.

Gefüllte Champignons

HIRSE
WASSER
SALZ
CHAMIGNONS
TOMATEN

---

150 g Hirse, 300 ml Wasser, 1 Prise Salz, 400 g große Zuchtchampignons, 800 g Tomaten

---

Die Hirse in Wasser aufkochen und 20 Minuten bei kleinster Hitze quellen lassen. Die Champignons waschen. Die Stiele herausschneiden und klein hacken. Unter den garen Hirsebrei mischen und salzen. Die Tomaten mit kochendem Wasser überbrühen, die Haut und alle grünen Teile entfernen. In Würfel schneiden. In eine flache Auflaufform schichten und leicht salzen. Den Hirsebrei in die umgekehrten Pilzköpfe füllen und auf die Tomaten setzen. Mit Deckel oder Alufolie bedecken und 45 Minuten bei 200 °C backen.
Der Auflauf kann als vegetarisches Hauptgericht oder als Beilage zu Fleisch oder Geflügel gereicht werden. Ein einzeln angerichteter Pilzkopf eignet sich als Vorspeise.

Variante: Wer Käse verträgt, kann das Gericht mit einer Handvoll geriebenem Hartkäse überbacken. Einfach in den letzten 10 Minuten die Alufolie abnehmen und den Käse mitbacken.

Gemüsezwiebeln

HIRSE
WASSER
SALZ
ZWIEBELN
TOMATEN
MAISMEHL

150 g Hirse, 300 ml Wasser, 1 Prise Salz, 4 Gemüsezwiebeln, 700 g Tomaten, 3 EL Maismehl, 1/2 Tasse Wasser

Die Hirse in Wasser aufkochen und 20 Minuten auf kleinster Flamme köcheln lassen. Die Zwiebeln schälen und aushöhlen, so dass noch 2 Schichten stehen bleiben. Das Innere hacken, die Tomaten heiß überbrühen und abziehen. Die Hälfte der gehackten Zwiebeln unter den Hirsebrei mischen, salzen und in die Zwiebeln füllen. In einen Bratentopf setzen und die Tomaten mit den restlichen Zwiebelwürfeln, einer halben Tasse Wasser und etwas Salz dazufügen. Stark ankochen und bei kleiner Hitze und geschlossenem Deckel 40 Minuten dünsten. Das Maismehl in etwas Wasser gut verrühren. Die garen Zwiebeln aus dem Topf nehmen, die Sauce noch einmal aufkochen und das Mehl einrühren, bis es andickt. Dazu passen Reis oder Kartoffeln.

Variante: Den Hirsebrei kann man mit gehackter Petersilie oder Schnittlauch würzen, falls man das verträgt.

Pellkartoffeln mit Sojaquark

KARTOFFELN
SOJA
ZITRONE
ÖL
SALZ

---

1 kg Kartoffeln, Kochwasser
320 g Tofu, 100 ml Öl, 40 ml Sojamilch, 2 EL Zitronensaft, 1 TL Salz

---

Die Kartoffeln bürsten und mit der Schale in Wasser 30 Minuten kochen, dann schälen. Den Tofu mit dem Pürierstab zu Mus verarbeiten. Mit den Schneebesen des Handrührgerätes abwechselnd kleine Portionen von Sojamilch und Öl einrühren. Mit Zitronensaft und Salz würzen und zu den heißen Pellkartoffeln servieren.

Varianten: für den Sojaquark gehackte Kräuter, gehackte Zwiebeln, Kümmel, Paprika.

Kidney-Bohnen als Beilage

KIDNEY-BOHNEN
WASSER
MAIS
SALZ

---

500 g Kidney-Bohnen, 2 l Wasser, 2 TL Salz, 2 EL Maismehl

Die Bohnen abbrausen, in zwei Litern Salzwasser über Nacht einweichen und zwei Stunden bei mittlerer Hitze kochen. Wenn die Bohnen weich sind, einige davon mit dem Kochlöffel zerdrücken. Etwas von der Flüssigkeit in eine Tasse füllen, das Maismehl hineinrühren, zu dem Eintopf geben und unter Rühren aufkochen, bis das Mehl andickt. Salzen. Dieser Bohneneintopf passt zu allen kräftigen, deftigen Fleischgerichten, kann aber auch mit einem Stück Brot als kräftiger Imbiss gereicht werden.

Varianten: Man kann nach Belieben während der letzen 20 Minuten Gemüse mitkochen. Oder zum Schluss angebratenes Hackfleisch dazufügen.
Das Gericht eignet sich besonders zur Vorratshaltung in der Gefriertruhe. In Portionen eingefroren kann es aus mancher Verlegenheit helfen.
Sie können im Rahmen Ihrer Möglichkeiten Gewürze wie Paprika und Kräuter nach Wahl hinzufügen.

Blumenkohl auf Kartoffelpüree

Blumenkohl
Wasser
Kartoffeln
Semmelbrösel aus Ihrem Brot
Fett
Salz
Muskat

1 Blumenkohl, etwa 800 g, Kochwasser, 800 g Kartoffeln, Kochwasser, 2 TL Salz, etwas Muskat, 4 EL Semmelbrösel (selbstgemacht aus Ihrem Brot, keinesfalls fertige Brösel verwenden), Fett zum Anbraten

Den Blumenkohl von den Blättern befreien, waschen und in einem Topf mit fingerbreit Salzwasser aufsetzen. Stark ankochen und auf kleinste Stufe stellen, wenn sich eine Dampffahne zeigt. 30 Minuten garen. Die Kartoffeln schälen und auf die gleiche Weise kochen. Die garen Kartoffeln mit etwas Kochwaser, Salz und Muskat zusammen mit dem Schneebesen des Handrührers schlagen. Nie den Pürierstab verwenden, das gibt eine kaugummiartige Masse. Anfänger sollten das Kochwasser der Kartoffeln in einen Meßbecher abschütten und 100 ml davon abmessen, um es für den Kartoffelbrei zu verwenden. Profis haben das "im Handgelenk".
Während der Kochzeit von Blumenkohl und Kartoffeln die Semmelbrösel in Fett rösten. (Wer es verträgt, sollte unbedingt Butter bevorzugen.) Den Kartoffelbrei auf einer im Backofen leicht vorgewärmten Platte anrichten, den Blumenkohl daraufsetzen und mit den Semmelbröseln übergießen.
Die Menge ist als Beilage berechnet. Wer den Blumenkohl ohne Fleisch als Hauptgericht reichen möchte, muss sie verdoppeln.

Blumenkohl überbacken

Blumenkohl
Wasser
Kartoffeln
Sauce Hollandaise
oder Käse
Salz
Muskat

Zutaten siehe oben, zusätzlich 100 g Käse oder Sauce Hollandaise (nach Rezept S.91)

Man kann den Blumenkohl auf Kartoffelpüree, anstatt ihn mit gerösteten Semmelbröseln zu bestreuen, auch überbacken. Dazu braucht man 100 g Käse, am besten Gouda oder Raclettekäse. Eine aufwendigere Möglichkeit ist das Überbacken mit Sauce Hollandaise nach einem der Rezept Seite 91f mit oder ohne Milch. Das Gericht wird zubereitet wie oben beschrieben. Anstatt auf einer Platte richtet man es in einer flachen Auflaufform an, bedeckt es mit Käse oder Sauce Hollandaise und backt es für 10 Minuten bei 200 °C, bis der Käse geschmolzen bzw. die Sauce gestockt ist.

Salate

Blattsalate

Salat nach Wahl
Essig oder Zitrone
Öl
Salz
Pfeffer
!Ahornsirup!

300 g Blattsalat, 2 EL Öl, 3 EL Essig oder Zitronensaft, je eine Prise Pfeffer und Salz, 1 – 2 EL Ahornsirup

Wählen Sie unter den verschiedenen Blattsalaten die Sorte, die Ihnen am besten schmeckt und bekommt. Man kann natürlich auch mischen. Der klassische Kopfsalat ist am besten im Sommer, Feldsalat, Chicorée und Endivien sind ausgesprochene Wintersorten. Das Angebot wurde in den letzten Jahren durch krossen Eisbergsalat, herben Radicchio und verschiedenste Pflücksalate erweitert. Man kann die Salate auch mischen. Verwenden Sie hierzu doch einmal Kresse. Pur ist sie etwas streng, aber als Beimischung sehr interessant. Sie ist reich an Calcium. Das A und O für einen guten Salat ist der Einkauf einwandfrei frischer Ware. Achten Sie darauf, möglichst Freilandsalat zu kaufen, da Salat aus dem Treibhaus übermäßig viel Nitrat enthält.
Die verschiedenen Salate werden verschieden zubereitet und angerichtet. Großblättrige Salate werden grob zerpflückt. Beim Feldsalat müssen die einzelnen Pflänzchen von der Wurzel und von welken Blättern befreit werden. Endivienköpfe schneidet man einmal längs durch, legt sie auf die Schnittfläche und schneidet sie dann in möglichst feine Querstreifen. Arbeiten Sie dabei von der Wurzel zu den Blattspitzen. Die obersten Blattspitzen sind oft hart und leicht beschädigt, besonders wenn der Salat bis tief in den Winter im Freien war. Schneiden Sie einfach solange weiter, bis die Blätter rau und grob werden, der Rest wandert dann auf den Kompost. Chicorée kann man genauso behandeln wie Endivien, die Streifen müssen nicht ganz so fein sein. Bei der Kresse verwendet man die

ganzen Pflänzchen, die über der Wurzel abgeschnitten werden.
Der geputzte Salat muss, besonders wenn er draußen gewachsen ist, mehrmals gründlich in reichlich Wasser gewaschen werden. Beeilen Sie sich damit, denn wenn er zu lange gewässert wird, laugen die wertvollen Vitamine aus.
Verrühren Sie nun Essig, Öl, Ahornsirup, Salz und Pfeffer zu einem Dressing und übergießen Sie den Salat damit kurz vor dem Servieren. Salat muss immer frisch angemacht werden. Er verdirbt sehr schnell.

Tipp: Versuchen Sie mal, die Mandelmayonnaise von Seite 96 mit entsprechend viel Wasser zu verdünnen. Das gibt ein wundervolles Dressing. Experimentieren Sie ruhig auch mit andren Dips aus dem entsprechenden Kapitel als Salatdressing (S. 90 ff).

Körnersalat

HIRSE
WASSER
WEISSKOHL
ÖL
ESSIG
PFEFFER
SALZ
SONNENBLUMENKERNE

150 g Hirse, 400 ml Wasser, 300 g Weißkohl, 2 EL Öl, 3 EL Essig, je 1 Prise Pfeffer und Salz, 30 g Sonnenblumenkerne

Die Hirse abbrausen und in Wasser 30 Minuten auf kleiner Flamme garen. Abkühlen lassen. Den Weißkohl waschen, putzen und in feine Streifen schneiden oder hobeln. Aus Essig, Öl, Pfeffer und Salz ein Dressing rühren. Alle Zutaten bis auf die Sonnenblumenkerne in einer Schüssel mischen. Die Kerne ohne Fett etwa 3 Minuten in der Pfanne rösten, bis sie bräunen. Über den fertig angerichteten Salat streuen.

Waldorfsalat

Apfel
Pastinake
Walnüsse
Mandeln
Wasser
Öl
Salz
Zitrone
(Kopfsalat)

4 Äpfel, ca. 600 g, Saft einer halben Zitrone, 150 bis 200 g Pastinaken, 50 g gehackte Walnüsse, 1 Portion Mandelmayonnaise

Die Mayonnaise nach Rezept (S. 96) zubereiten. Die Äpfel und die Pastinaken waschen, ausschneiden und schälen. Die Äpfel in kleine Würfel schneiden und die Pastinaken raspeln. Die Äpfel mit Zitronensaft beträufeln. Alle Zutaten in einer großen Schüssel vermischen, eventuell etwas nachsalzen.

Variante: Wenn das Auge mitessen soll, kann man den Waldorfsalat auf einigen ausgesuchten Kopfsalatblättern auf einer Platte oder einzelnen Vorspeise-Tellern anrichten und mit ganzen Walnusskernen garnieren.

Kartoffelsalat

Kartoffeln
Mandeln
Wasser
Öl
Salz
Zitrone

1 kg Kartoffeln, Mandel-Mayonnaise

Die Kartoffeln waschen und mit fingerbreit Wasser im Topf 30 Minuten garen. Stark ankochen, wenn eine Dampffahne am Deckelrand erscheint,

auf kleinste Flamme zurückschalten. Nach Rezept (S. 96) die Mandel-Mayonnaise bereiten. Das Kartoffelwasser abschütten und die Kartoffeln auskühlen lassen. Schälen und in Scheiben schneiden, mit der Mayonnaise mischen, eventuell etwas nachsalzen. Man kann diesen Kartoffelsalat gut auf Vorrat anfertigen und einen Tag im Kühlschrank aufheben. Vor dem Servieren noch einmal abschmecken, da der Salat das Salz und die Säure der Zitrone in sich aufnimmt und der Geschmack nach einigen Stunden etwas "verblassen" kann.
Kartoffelsalat kann als kräftiges Hauptgericht etwa zu Frikadellen gereicht werden, sollte aber auch auf keinem kalten Büffet fehlen.

Varianten: Nach Belieben lässt er sich mit Feldsalat, Endivien, Zwiebeln oder Tomaten variieren. Diese Zutaten sollten aber erst kurz vor dem Servieren untergemischt werden. Rohe Zwiebeln werden bitter, wenn sie zu lange stehen.

Obstsalat

OBST NACH WAHL
ZITRONE
!AHORNSIRUP!
SALZ

500 g frisches Obst nach Wahl, 3 EL Zitronensaft, 3 EL Ahornsirup, 1 Prise Salz

Das Obst waschen und je noch Bedarf schälen, entkernen oder kleinschneiden. Aus Zitronensaft, Ahornsirup und Salz eine Tunke rühren und in einer Schüssel mit dem vorbereiteten Obst mischen.
Die Auswahl des Obstes richtet sich nach der Jahreszeit und nach Ihren persönlichen Voraussetzungen. Je nachdem, ob Sie süße oder saure Früchte bevorzugen, können Sie den Anteil von Sirup oder Zitrone variieren. Die Prise Salz unterstreicht den Fruchtgeschmack.
Variante: Wenn Sie mögen, setzen Sie mit einem Hauch Pfeffer exotische Akzente.

Apfelrohkost

APFEL
ZITRONE
MÖHREN
SELLERIE
!AHORNSIRUP!
ÖL

400 g Äpfel, Saft einer halben Zitrone, 300 g Möhren, 100 g Sellerie, 4 TL Ahornsirup, 1 TL Öl

Obst und Gemüse waschen, ausschneiden und putzen, alles fein raspeln. Die Äpfel mit Zitronensaft beträufeln. Alle Zutaten vermischen.

Krautsalat

WEISSKOHL
SALZ
KÜMMEL

600 g Weißkohl, 1 TL Salz, eventuell 1 TL Kümmel

Den Weißkohl hobeln und in einer stabilen Metallschüssel gut mit dem Salz mischen. Mit einem Kartoffelstampfer kräftig stampfen. Über Nacht stehen lassen. Wer möchte, kann den Salat mit Kümmel würzen.

Für Fleisch fressende Pflanzen

Paniertes Fleisch

Nach Wahl   Nach Wahl

Fleisch
Semmelbrösel nur von Ihrem selbstgebackenen Brot
Ei wahlweise
Soja oder Wasser
Fett zum Braten

Es soll Meisterköche geben, die die Kunst des Panierens so gut beherrschen, dass sie ihre Gäste mit einem panierten Pappendeckel narren. Aber auch wenn man "nur" ein Stück Fleisch panieren will, muss man sich schon was einfallen lassen, wenn man ohne Gluten oder ohne Eier und Milch auskommen will.

Erste Regel: Verwenden Sie nie gekauftes Paniermehl. Heben Sie Reste Ihres selbstgebackenen Brotes auf und reiben Sie sie auf der Reibe oder mit dem entsprechenden Raffelwerkzeug der Küchenmaschine. Bei der Vorratshaltung zu beachten: Das Paniermehl muss immer ganz trocken sein, sonst schimmelt es. Im Notfall auf einem Backblech in den Ofen schieben, auf schwächste Hitze stellen und die Ofentür einen Spalt weit offen lassen. So trocknet es schnell. Auskühlen lassen und in dicht schließenden Behältern aufbewahren, denn Paniermehl gehört zu den Lieblingsspeisen der Mehlmotten!

Zum Panieren eignet sich zartes Fleisch, das nur kurz gebraten werden muss. Hier einige Vorschläge: Schnitzel oder Kotelett, Hähnchenfilet, Putenbrustschnitzel, Plätzchen von der Schweinelende. Natürlich kann man auf die gleiche Art auch Gemüse panieren, etwa gekochte Scheiben von Sellerie oder Kohlrabi. Eine besondere Delikatesse sind die panierten Hüte von Parasolpilzen (kann man nur selber sammeln, aber das ist eine andere Geschichte).

Um ein saftiges Kotelett zu panieren, wendet man es normalerweise zuerst in Ei und anschließend in Semmelbröseln. Das Ei hält die Panade zusammen, verschließt die Poren im Fleisch und hält es so sehr saftig. Es ist schwierig zu ersetzen. Eine Möglichkeit ist Sojamilch, die erstaunlich klebrig ist.

Für 4 Kotelettes braucht man:

ca. 100 g selbstgemachte Semmelbrösel, 1 TL Salz, soviel Sojamilch, wie nötig ist, den Boden eines Tellers zu bedecken oder ein Ei, Fett zum Braten

Den Boden eines Tellers mit Sojamilch bedecken, auf einem zweiten Teller die Semmelbrösel mit dem Salz mischen. Das Fleisch waschen, abtupfen und zuerst in der Sojamilch und dann in den Semmelbröseln wenden. Das ganze wiederholen. Es empfiehlt sich, das fertig panierte Fleisch etwa 15 Minuten stehen zu lassen. Die Semmelbrösel quellen dann und verkleben, so dass sie besser zusammenhalten. In einer Pfanne Fett erhitzen. Das Fleisch von beiden Seiten etwa 3 Minuten braunbraten. Dann die Temperatur drosseln und etwa 10 - 15 Minuten durchbraten. Paniertes Fleisch wird sanft bei höchstens mittlerer Temperatur gebraten. Durch die Panade wird es vor dem Austrocknen geschützt. Vorsicht: Die Panade bleibt an der Pfanne kleben, wenn man das Fleisch zu früh wenden will. Probieren Sie ganz vorsichtig, ob sich das Schnitzel leicht verschieben lässt. Dann ist die Panierung gar und sie können es umdrehen.

Wer kein Soja verwenden kann, der muss das Fleisch einfach mit Wasser anfeuchten, damit die Brösel daran hängen bleiben. Die Kruste wird dann zwar nicht ganz so stabil und knusprig wie mit Sojamilch, aber es geht auch.

Für Paniertes eignet sich zum Braten am besten Butter oder Butterschmalz. Wer keine Butter verträgt, nimmt am besten eine geeignete Margarine oder Pflanzenfettcreme. Pflanzenfett und Öl werden zu heiß und sind für diese Art zu braten das am wenigsten geeignete Fett.

Fleisch, natur gebraten

FLEISCH
FETT
PFEFFER
SALZ

Wichtig ist die Auswahl des Fleisches. Es muss zart und feinfaserig sein. Es sollte von jungen Tieren kommen und muss gut abgehangen sein. Das gilt besonders für Rind und Wild. Bei einem guten Metzger hängt dieses Fleisch etwa 14 Tage, bis es "reif" ist. Man erkennt es an der dunklen, rotbraunen Färbung. Vor knallroten, werbewirksamen Steaks aus dem Sonderangebot kann ich nur warnen. Sie sind meist zäh. Nachfolgend finden Sie Vorschläge, welche Fleischstücke sich zum Kurzbraten eignen.

Rind:
Filet oder Lende, das zarteste und teuerste Fleisch vom Rind
Roastbeef
Hüfte, auch manchmal Tafelspitz genannt
Oberschale
Kugel, Blume oder Nuss

Kalb:
Steaks oder Koteletts aus dem Rücken

Schwein:
Filet oder Lende, das zarteste Stück
Schnitzel aus Oberschale, Unterschale, Nuss oder Hüfte
Steaks aus dem ausgelösten Kotelettstück
Koteletts, besonders die durchwachsenen vom Nacken

Lamm:
Koteletts vom Rücken

Geflügel:
Ausgelöste Hähnchenbrust, Schnitzel aus Truthahnfleisch
Achtung: küchenfertig zubereitet sind solche Teile oft paniert oder gewürzt und somit verboten.

Lassen Sie sich vom Metzger aus den entsprechenden Fleischstücken schöne Steaks schneiden, etwa 150 bis 200 g pro Portion. Besonders bei Rind ist es wichtig, dass die Stücke sehr dick sind, damit sie innen saftig bleiben. Es empfiehlt sich, das Fleisch zum Kurzbraten (außer Geflügel) zu klopfen. Dabei zerreißen die Häute der Muskelfasern und es wird mürbe. Zum Braten ein sehr hoch erhitzbares Pflanzenfett wie z. B. Kokosfett verwenden. Es muss sehr heiß sein, damit sich die Poren des Fleisches sofort schließen und eine Graufärbung eintritt. Dann bleibt es saftig und zart. Die Garzeit beträgt für ein Rindersteak "medium" etwa 3 Minuten von jeder Seite, "ganz durch" jeweils 5 Minuten Geflügel, Schwein und Lamm sollten immer durchgebraten werden. Zum Würzen eignen sich z. B. Salz, Pfeffer oder Paprika. Immer nach dem Braten würzen, weil das Salz dem Fleisch während des Garens Flüssigkeit entziehen würde. Das Ergebnis wäre ein hartes Steak.
Zu kurzgebratenem Fleisch passen: Kartoffeln, Reis, Gemüse oder Salat und, nicht zu vergessen, eine Sauce oder ein kalter Dip aus dem entsprechenden Kapitel. (S. 90ff).

Hähnchen im Rohr

Hähnchen
Äpfel
Zwiebeln
Pflaumen
Salz
Wasser

---

1 großes Hähnchen, etwa 1 1/2 kg, 1 kg Äpfel, ca. 6 Stück, 200 g Zwiebeln, 10 gedörrte Pflaumen (ungeschwefelt, auf Zusatzstoffe achten), etwas Wasser, 2 TL Salz

---

Das Hähnchen waschen und innen und außen kräftig mit Salz einreiben. In diesem Fall nicht zu sparsam würzen, denn das Gewürz soll dem ganzen Gericht seinen Geschmack geben. Äpfel und Zwiebeln schälen und in Stücke schneiden, Pflaumen gegebenenfalls entkernen. Den Boden eines Bratentopfes fingerbreit mit Wasser bedecken, das Obst einschichten und das Hähnchen darauflegen. Mit geschlossenem Deckel im Backofen bei

250 °C eine Stunde lang garen. Den Deckel abnehmen und noch 10 Minuten knusprigbacken. Falls Sie ein Hähnchen mit Innereien gekauft haben, diese waschen, salzen und einfach bei den Pflaumen und Äpfeln mitgaren.
Wenn das Hähnchen einmal im Topf ist, macht es keine Arbeit mehr und brennt im Ofen garantiert nicht an. Wer einen dekorativen Bratentopf hat, kann das Gericht darin auftragen, sonst das Huhn auf einer Platte und das Obst in einer Extraschüssel servieren.
Als Beilage eignet sich Reis, eine kleine Tasse pro Person, mit der doppelten Menge Wasser und etwas Salz 20 Minuten gekocht.

Variante: Wer Sahne verträgt, kann das Obst mit einigen Esslöffeln davon verfeinern.

Achtung: Menschen, die auf Eier allergisch reagieren, vertragen manchmal auch kein Hühnerfleisch. Falls Sie zu diesem Personenkreis gehören, versuchen Sie das Rezept mit Ente, Gans oder Pute. Die Mengenangaben und Garzeiten passen Sie der Größe des Geflügels an. Natürlich kann man auch Gänsebrust oder Putenkeulen verwenden, wenn ein ganzer Vogel zu groß ist.

Grillhähnchen

HÄHNCHEN
SALZ
PAPRIKA
WASSER
OLIVENÖL

Ein großes Hähnchen, etwa 1 1/2 kg, 2 TL Salz, 2 TL Paprikapulver, Wasser, 1 EL Olivenöl

Das Hähnchen waschen und abtrocknen, von innen und außen mit Gewürzen einreiben, auf einen Bratrost legen. Innereien in die Bauchhöhle stecken. Den Bratrost auf eine tiefe Grillpfanne legen, diese mit Wasser füllen und in den Ofen schieben. Bei 250 °C eine Stunde lang backen. Nach 10 Minuten das Hähnchen mit einem EL Olivenöl übergießen. Ab und zu kontrollieren, ob das Wasser in der Grillpfanne nachgefüllt werden muss. Das Hähnchen wird rundum wunderbar knusprig, In der Grillpfanne bildet sich eine klare Sauce.

Man kann die Sauce so verwenden wie sie ist oder sie binden. Schütten Sie sie dazu in einen Topf. Rühren sie ein bis zwei Esslöffel Mehl Ihrer Wahl (mehr dazu auf S. 90) in einem Glas Wasser an, kochen die Brühe auf und rühren das Mehlwasser ein.

Sie können die Sauce auch aufheben und am nächsten Tag eine Suppe damit verfeinern. Falls sich viel Fett oben absetzt, macht es durchaus Sinn, das ganze abzukühlen, das Fett abzuschöpfen und als Bratfett für die nächsten Steaks zu verwenden.

Geschmorter Hammel

HAMMELFLEISCH
KNOBLAUCH
ZWIEBELN
WASSER
SALZ
FETT

1 1/2 kg Hammelkeule, 3 Zehen Knoblauch, Salz, 1 kg Zwiebeln, 300 ml Wasser, Fett zum Anbraten

Das Fleisch waschen und mit einem Küchentuch trockentupfen. Den Knoblauch schälen und zu Stiften schneiden. Mit einem spitzen Messer Löcher in das Fleisch stechen und den Knoblauch hineinstecken. Gut von allen Seiten mit Salz einreiben. Die Zwiebeln schälen und kleinschneiden. In einem schweren Bratentopf Fett erhitzen und das Fleisch rundum braunbraten. Die Zwiebeln dazugeben und ebenfalls etwas anbräunen. Dabei ständig umwenden. Mit Wasser ablöschen. Bei kleiner Hitze mit Deckel 2 Stunden lang schmoren. Hin und wieder kontrollieren, ob noch genug Wasser da ist. Bei Bedarf nachfüllen, aber nicht zu viel, weil der Braten sonst eher zu Kochfleisch gerät.

Das Fleisch aus der Sauce herausnehmen und die Zwiebeln mit einem Pürierstab zerkleinern. Eventuell noch etwas nachsalzen.
Dazu passen z. B. alle Kohlgemüse oder grüne Bohnen und natürlich Kartoffeln.

Rinderbraten

RINDFLEISCH
ZWIEBELN
CHAMPIGNONS
TOMATEN
KOHLRABI
SELLERIE
FETT
SALZ
WASSER

Pro Portion:

400 g Zwiebeln, 600 g Champignons, 600 g Tomaten, 400 g Kohlrabi, 500 g Sellerie, 1 kg Rinderbraten ohne Knochen, Salz, Fett zum Anbraten, 400 ml Wasser

Alles Gemüse waschen, putzen und kleinschneiden. Den Braten von allen Seiten kräftig mit Salz einreiben. Mit dem Salz nicht zu sparsam umgehen, denn es soll den ganzen Braten durchdringen und auch die Sauce würzen.
In einem Bräter Fett erhitzen. Den Braten darin bei stärkster Hitze ohne Deckel von allen Seiten braunbraten. Dabei öfter wenden. Die Zwiebeln dazugeben und ebenfalls leicht anbräunen. Nun das restliche Gemüse beifüllen und mit Wasser ablöschen. Bei kleiner Flamme und geschlossenem Deckel 2 Stunden garen. Wenn die Temperatur richtig gewählt ist, besteht keine Gefahr, dass der Braten anbrennt. Zur Sicherheit trotzdem ab und zu kontrollieren, ob noch genug Flüssigkeit vorhanden ist und bei Bedarf nachfüllen. Nicht zu viel, sonst haben Sie statt Braten Kochfleisch.
Das gare Fleisch herausnehmen und das weichgekochte Gemüse mit dem Pürierstab zermusen. So entsteht eine sämige Sauce ohne stärkehaltige Bindemittel. Das Salz des Bratens und die verschiedenen Gemüse geben auch ohne zusätzliche Gewürze ein gutes Aroma.

Variante: Wer es verträgt, kann die Sauce mit Sahne oder auch Olivenöl verfeinern. Die Gemüse sind austauschbar. Wer etwa auf Tomaten oder Sellerie reagiert, ersetzt diese Sorten einfach durch etwas anderes, vielleicht Brokkoli. Wer die Tomaten wegläßt, muss eventuell etwas Wasser zugeben, da sie verhältnismäßig saftig sind.
Dazu passen am besten Kartoffeln in jeglicher Form und ein roher Salat, um den "zerkochten Vitaminhaushalt" der Sauce auszugleichen.

Tafelspitz

RINDFLEISCH
WASSER
SALZ

1 kg Tafelspitz, 3 l Wasser, 1 EL Salz

Tafelspitz ist besonders feines, zartes Rindfleisch aus der Hüfte. Das Fleisch in heißem Salzwasser aufsetzen, kräftig ankochen, bis es sprudelt, dann bei mittlerer Hitze 2 Stunden garkochen. Das Kochen ist eine etwas in Vergessenheit geratene, aber sehr bekömmliche Art, Fleisch zuzubereiten, da dabei keine Röststoffe entstehen.
Zu dem gekochten Tafelspitz passen Kartoffeln in allen Variationen und z.B. Rosenkohl mit einer Meerrettichcreme (S. 96).

Tipp: Das Kochwasser auf keinen Fall weggießen. Es ergibt eine wunderbare Suppengrundlage. Für eine Vorsuppe kann man während der letzten halben Stunde z.B. eine Möhre, eine Stange Lauch und eine Petersilienwurzel mitkochen. Man kann die Brühe aber auch einfrieren und für die nächste Suppe aufheben.

Dieses Rezept kann man auch mit preisgünstigerem Suppenfleisch von Brustspitze, Brustkern oder Querrippe zubereiten. Es enthält mehr Fett, ist grobfaseriger und muss eventuell etwas länger kochen. Dieses Fleisch wird mit Knochen angeboten, man braucht also auch entsprechend mehr.

Rindfleischsalat

RINDFLEISCH
MANDELN
ÖL
WASSER
SALZ
ZITRONE
SELLERIE

500 g Tafelspitz, 400 g Sellerie, 1 1/2 l Wasser, 1 TL Salz, Mandel-Mayonnaise

Den Tafelspitz in Wasser 2 Stunden lang garkochen. Den Sellerie waschen, putzen und in große Stücke schneiden. Während der letzten 30 Minuten mitkochen. Die Mayonnaise nach dem Rezept Seite 96 zubereiten. Das gare Fleisch und den Sellerie abkühlen lassen und kleinschneiden. Die Mayonnaise darübergeben und alles gut vermischen.

Das Kochwasser für eine Suppe aufheben.

Nudelsauce Bolognese

TOMATE
APFEL
ZWIEBEL
HACKFLEISCH
WASSER
SALZ
FETT

1 kg Tomaten, 2 Äpfel, 300 g Zwiebeln, 700 g Hackfleisch, 200 ml Wasser, 2 TL Salz, Fett zum Anbraten

Die Tomaten mit kochendem Wasser überbrühen, schälen und die grünen Teile entfernen. Äpfel und Zwiebeln schälen, alles kleinschneiden. Die Zwiebeln in etwas Fett in einer großen Deckelfpfanne anbraten und das

Hackfleisch dazugeben. Ständig rühren, bis es gebräunt ist. Äpfel und Tomaten dazugeben, einmal kräftig aufkochen, mit Wasser ablöschen und ca. 15 Minuten bei kleiner Hitze köcheln lassen. Äpfel und Tomaten müssen zerfallen sein und lassen sich dann zu einer sämigen Sauce verrühren. Salzen.

Nach Belieben mit frischen oder getrockneten Kräutern wie: Thymian, Majoran, Salbei, Oregano würzen.

Dazu passen natürlich am besten Spaghetti. Wer gegen Milch und Eier allergisch ist, kann die meisten der italienischen Hartweizenprodukte verwenden, da sie nur aus Wasser und Hartweizengrieß bestehen (genau die Zutatenliste studieren!). Ausnahme: Lasagnenudeln werden auch in Italien meist mit Ei gemacht. Zöliakie-Betroffene können auf bestimmte Sorten Chinesischer oder Japanischer Glasnudeln ausweichen. Es gibt auch Spaghetti aus Buchweizen. Durchstöbern Sie die Regale von Bioläden und asiatischen Feinkostgeschäften. (Dabei immer auf das Kleingedruckte achten!) Sie werden erstaunt sein, was es dort alles zu entdecken gibt.

Frikadellen

HACKFLEISCH
ZWIEBEL
SOJA
SALZ
BRATFETT

500 g Hackfleisch vom Rind, Hammel oder Schwein, 1 kleine Zwiebel, etwa 50 g, 3 EL Vollsojamehl, 5 EL Sojamilch, Salz, Fett zum Braten

Die Zwiebel schälen und in feine Würfel schneiden. Mit den restlichen Zutaten mischen und Frikadellen formen. In heißem Fett von beiden Seiten braunbraten und bei mittlerer bis schwacher Hitze etwa 15 Minuten durchgaren. Nicht zu früh wenden. Wenn die Kruste noch nicht fest genug ist, bleiben die Frikadellen hängen und zerreißen.

Hirschmedaillons a la Chef

HIRSCH
ROTWEIN
LORBEER
PFEFFER
SALZ
NELKEN
FETT

4 Hirschmedaillons (Rückensteaks), jedes etwa 200 g, 1 Flasche Rotwein, 5 Lorbeerblätter, 10 schwarze Pfefferkörner, 7 ganze Gewürznelken, 1 Prise Salz, Fett zum Braten

Das folgende Rezept hat mir Günter Bauer, der Chef unseres Stammlokales Gambrinus verraten. Inzwischen ist er längst in Rente. Die Hirschmedaillons standen gar nicht auf der Speisekarte, es gab sie manchmal, wenn er ein besonders gutes Stück Fleisch hatte.
Die Medaillons in eine nicht zu große Schüssel geben und Wein dazugießen, bis sie komplett bedeckt sind. Die Gewürze hinzufügen und mindestens fünf, höchstens 8 Tage im Kühlschrank aufbewahren.
Das Fleisch aus dem Wein nehmen und abtropfen. Pflanzenfett (keine Margarine) in einer Pfanne hoch erhitzen, das Fleisch von jeder Seite 3 Minuten braten. Nach dieser Garzeit ist es innen noch zartrosa, medium. Um es ganz durchzubraten, braucht man von jeder Seite fünf Minuten. Das fertige Fleisch herausnehmen und zu dem Bratenfett eine halbe Tasse Wasser oder von dem gewürzten Wein geben. Aufkochen und umrühren und mit etwas Salz und Pfeffer nachwürzen, über die angerichteten Medaillons verteilen.

Variante: Wer es verträgt, kann am Ende der Bratzeit 10 g Butter in die Pfanne geben.

Achtung: Es kann sein, dass Sie mit Rotwein Ihre Schwierigkeiten haben, dafür aber Weißwein vertragen. Es gibt Weine, die mit Ei geklärt sind. Wenn Sie ganz auf Wein verzichten müssen, verwenden Sie eine Marinade aus Wasser und Essig zu gleichen Teilen. Der Geschmack wird dann etwas rustikaler.

Pfifferlinge

PFIFFERLINGE
WASSER ODER WEIN
ZWIEBEL
SALZ
PFEFFER
MUSKAT
FETT

Pro Portion:

100 g frische Pfifferlinge, für 4 Personen eine Zwiebel, zum Braten am besten Butter, es geht auch mit Margarine, 1 Schuss Wasser oder Wein, je 1 Prise Salz, Pfeffer und Muskat

Zu den Hirschmedaillons servierte man im Gambrinus eine traumhafte Pfifferlingsauce, die leider "verbotene Dinge" enthält. Herr Bauer hat aber einen Vorschlag, wie auch Sie die Pilze zubereiten können:
Die Pilze waschen und putzen, die Zwiebel schälen und in feine Würfel schneiden. Fett erhitzen, alles anbraten, mit einem Schuss Wasser oder Wein ablöschen und bei mittlerer Hitze etwa 5 Minuten dünsten. Mit Salz, Pfeffer und Muskat abschmecken.
Als weitere Beilage schlägt Herr Bauer Birnenhälften vor, geschält und in wenig Wasser 5 - 10 Minuten bei kleiner Hitze gedünstet.
Dazu passen Salzkartoffeln, die die meisten vertragen.

NUDELN

Gekaufte Nudeln

VARIABEL

ca. 500 g Nudeln. Man braucht mindestens 2, besser noch 3 l Kochwasser mit etwas Salz.

Auch wenn man bei Nudeln erst einmal an Weizen und Eier denkt, es gibt trotzdem eine ganze Menge darunter, die Sie getrost essen können. Einfach gewusst welche.
Wer keine Milch und kein Ei verträgt, kann relativ problemlos auf die italienischen Hartweizenprodukte zurückgreifen. Sie bestehen aus Hartweizengrieß und Wasser. Vorsicht allerdings bei Lasagne, sie enthalten meist Ei, und auch gefüllte Nudeln sind auf Herz und Nieren zu prüfen. Die gängigen Produkte bestehen nicht aus Vollkorn.
Wer kein Gluten verträgt, kann im Reformhaus oder bei Spezialfirmen glutenfreie Nudeln bekommen. Das ist besonders für Kinder wichtig, die nun mal gerne Spaghetti mögen. Die kann man nicht so leicht selber machen. Außerdem gibt es im Naturkosthandel ganz leckere Soba-Buchweizennudeln aus dem vollen Korn. Manche der asiatischen Glasnudeln aus Reis- oder Bohnenstärke sind auch glutenfrei.
Wenn es schwierig sein sollte, die Nudeln in kleinen Mengen zu beziehen, sie halten sich in der verschlossenen Packung einige Monate, so dass man auf Vorrat kaufen kann.
Stöbern in Reformhäusern, Bioläden und asiatischen Feinkostgeschäften lohnt sich. Besonders in letzteren immer das Kleingedruckte studieren (Lesebrille und eventuell ein englisches Wörterbuch mitnehmen). Bei Produkten aus exotischen Ländern sollte man sich nicht auf deutsche Zutatenlisten einstellen und verlassen.

Für 4 Personen reichen ca. 500 g fertige getrocknete Nudeln. Man braucht mindestens 2, besser noch 3 l Kochwasser mit etwas Salz.

Nehmen Sie immer den großen Topf, denn Nudeln kochen leicht über. Besonders, wenn man den Deckel drauftut und sie dann vergisst.
Bei allen genannten Nudeln ist es wichtig, dass das Kochwasser sprudelnd kocht, bevor man die Nudeln hineinschüttet. Sonst kleben sie zu einem unförmigen Klumpen zusammen. Nach dem ersten Aufwallen kann man die Hitze etwas drosseln und die Nudeln, je nach Sorte 5 - 10 Minuten garen. Ab und zu vorsichtig mit einem Kochlöffel hin und her bewegen. Auf einem Sieb abschütten und in einer Schüssel anrichten. Wenn man sie mit einigen Löffeln Öl übergießt oder ein Stück Butter dazugibt, vermeidet man, dass sie verkleben.
Nudeln passen zu fast allem, Fleisch, Fisch und Gemüse, und mit einer Sauce oder Käse geben sie ein gutes Hauptgericht. Auch als Zutat für Aufläufe sind sie nicht zu verachten.

Lasagne al forno 1

Ei
Buchweizen
Wasser
Hackfleisch
Tomaten
Zwiebeln
Sahne
Joghurt
Käse
Salz
!Kräuter!
Fett

Für die Nudeln: *500 g Buchweizen, 2 Eier, 200 ml Wasser, 1 Prise Salz*
Für die Füllung: *Fett zum Anbraten, 2 Zwiebeln, ca. 200 g, 600 g Hackfleisch, Rind oder Schwein nach Wahl, 1 kg Tomaten, 200 ml Wasser, 8 EL süße Sahne, Salz, 1 EL italienische Kräuter, 1 000 g Naturjoghurt, 300 g fester Schnittkäse nach Wahl, Fett für die Form*

Den Buchweizen fein mahlen und mit den anderen Nudel-Zutaten zusammen verkneten. Der Teig muss geschmeidig und fest werden und

sich von den Händen lösen. Gut durcharbeiten und dann mit einem feuchten Tuch bedeckt kühl stellen. Denken Sie daran, etwas Mehl zum Ausrollen aufzuheben.
Die Zwiebeln schälen und in Ringe oder Würfel schneiden. Die Tomaten mit kochendem Wasser überbrühen und die Haut und alle grünen Teile entfernen. In einer Deckelpfanne oder einem Schmortopf die Zwiebeln in Fett bräunen und das Hackfleisch anbraten. Die Tomaten und das Wasser dazugeben und bei geschlossenem Deckel 15 Minuten schmoren. Die Sahne unterrühren und mit Salz und Kräutern würzen.
Während die Fleischsauce schmort, den Nudelteig hervorholen und noch einmal kräftig durcharbeiten. Ein großes Arbeitsbrett und die Nudelrolle mit Buchweizenmehl bestäuben und den Teig zu dünnen Platten ausrollen, deren Größe sich nach der Auflaufform richtet. Die sollte möglichst einen Deckel haben.
Wenn alles bereitsteht, die Form fetten und alles Schichtweise einfüllen: Fleischsauce, Nudel, Joghurt, Nudel, Fleischsauce u.s.w. Darauf achten, dass alle Nudeln rundum bedeckt sind, besonders die oberste. Mit Deckel 50 Minuten bei 200 °C im Rohr garen. Anschließend den Käse in Scheiben schneiden und 10 Minuten ohne Deckel mit Käsescheiben überbacken.

Anmerkung: Italienische Kräutermischungen enthalten verschiedene Gewürzpflanzen. Sie geben einen ganz typischen Geschmack. Wer mit Kräutern seine Schwierigkeiten hat, kann sie natürlich auch weglassen. Oder versuchen Sie es mit "sortenreinen", etwa nur Oregano, nur Basilikum, nur Thymian oder Majoran oder Rosmarin.

Tipp: Sie können die Lasagnenudeln mit einem scharfen Messer in Streifen schneiden und haben so Bandnudeln, die in sprudelndem Wasser gekocht werden können.

Lasagne al forno 2

WEIZEN
ÖL
SALZ
TOMATEN
ZWIEBELN
HACKFLEISCH
!KRÄUTER!
WASSER
FETT

---

für die Nudeln: *400 g Weizenmehl "doppeltgriffig" Type 405, 4 EL Öl, 150 ml Wasser, 1 TL Salz*

für die Füllung: *Fett zum Anbraten, 400 g Zwiebeln, 1 kg Hackfleisch vom Rind oder Schwein, 1,6 kg Tomaten, 1 TL Salz, 2 TL getrocknete Kräuter nach Wahl*

Alle Nudel-Zutaten in eine Schüssel geben und etwa 5 Minuten kräftig kneten, bis ein glatter, zäher Teig entsteht. In einer luftdichten Dose oder einem feuchten Tuch verpackt im Kühlschrank ruhen lasen.
Die Zwiebeln in Ringe schneiden, die Tomaten mit kochendem Wasser überbrühen, die Haut abziehen und alle grünen Teile entfernen. Kleinschneiden. In einer hohen Deckelpfanne Fett erhitzen und die Zwiebeln leicht bräunen. Das Hackfleisch dazugeben und unter ständigem Rühren anbraten. Mit den geschnittenen Tomaten auffüllen. Alles kräftig vermischen und mit Deckel bei mittlerer Hitze 15 Minuten köcheln. Salz und Kräuter dazugeben.
Den Teig aus dem Kühlschrank holen, in Stücke teilen und auf einem bemehlten Brett dünn ausrollen. Schichtweise mit der Sauce in eine Auflaufform füllen. Alle Nudelplatten müssen gut von der Sauce umschlossen sein, besonders die unterste und die oberste.

Die Form mit einem Deckel oder einer Alufolie verschließen und 20 Minuten bei 250 °C im Backofen garen. Wenn die Sauce heiß ist, reicht diese Zeit für die Nudeln. Kalt eingeschichtet braucht der Auflauf mindestens doppelt so lange, bis er in der Mitte heiß ist und die Nudeln gar sind.

Spätzle 1

WASSER
WEIZENMEHL
SALZ

600 g Weizenmehl Type 405 „Hefegebäck und Strudelmehl" oder Dunst, 400 ml Wasser, 1 TL Salz, reichlich Kochwasser

Weizenmehl, Wasser und Salz mit den Knethaken des Handmixers und danach mit den Händen zu einem glatten Teig verarbeiten. Reichlich Salzwasser zum Kochen bringen. Wenn es sprudelt, den Teig durch eine Spätzlepresse in das Wasser geben oder vom Brett hineinschaben. Nach fünf Minuten sind die Nudeln gar.
Damit der Teig sofort erstarrt, muss das Wasser für jede neue Portion Teig frisch aufkochen. Es empfiehlt sich, die fertigen Spätzle jedes Mal mit einem Schaumlöffel abzuschöpfen. Nur so viele Spätzle, wie an der Wasseroberfläche Platz haben, können auf einmal gegart werden.
Sie eignen sich gut als Beilage zu Gemüse oder Fleisch.

Variante: Wer Käse verträgt, kann sie damit überbacken und hat so mit einem Salat als Beilage ein sättigendes Hauptgericht.

Hefegebäck- und Strudelmehl ist ebenso ein Auszugsmehl wie das normale Mehl Type 405. Lediglich die Körnung ist gröber. In manchen Gegenden wird ein ähnliches Produkt unter der Bezeichnung "Dunst" angeboten. Es ergibt besonders zähe Teige. Deshalb gelingen mit diesem Mehl die Spätzle auch ohne Ei.

Achtung: Gerätschaften, besonders die Spätzlepresse, sofort einweichen und sorgfältig von Hand spülen, der Teig ist sehr anhänglich und verklebt schnell betonartig.

Spätzle 2

Buchweizen
Mais
Ei
Wasser

200 g Buchweizen, 200 g feines Maismehl, 2 Eier, 200 ml Wasser, 1 TL Salz, reichlich Wasser zum Kochen

Den Buchweizen fein mahlen. Alle Zutaten zu einem glatten Teig verrühren. 15 Minuten quellen lassen. Reichlich Salzwasser zum Kochen bringen. Wenn es kräftig sprudelt, den Teig durch eine Spätzlepresse hineingeben. Damit das im Teig enthaltene Ei sofort erstarrt, muss das Wasser für jede neue Portion Teig frisch aufkochen. Es empfiehlt sich, die fertigen Spätzle jedes Mal mit einem Schaumlöffel abzuschöpfen. Nur so viele Spätzle, wie an der Wasseroberfläche Platz haben können auf einmal gegart werden.

Saucen und Dips

Helle Mehlschwitze

entweder Weizen
oder Reis
oder Soja
oder Mais
oder Quinoa
Salz
brauner Zucker

nach Wahl

---

500 ml Wasser, Fett zum Anschwitzen, 50 bis 100 g Mehl nach Wahl, etwas Salz und brauner Zucker, Gewürze nach Wahl

man braucht für diese Flüssigkeitsmenge:

- *50 g Weizenmehl Type 450,*
- *50 g Reismehl (fein, kein Vollkornmehl, gibt es bei der Hammermühle, Adresse im Anhang)*
- *100 g Sojamehl vollfett*
- *60 g Weizenvollkornmehl*
- *50 g Maisvollkornmehl*
- *70 g Quinoa, fein gemahlen*

Das Fett erhitzen und das Mehl einstreuen. Unter Rühren leicht bräunen. Das Wasser in drei Portionen nacheinander dazugeben. Jedes Mal mit dem Schneebesen kräftig rühren und aufkochen, bis das Mehl gut aufgequollen ist. Wenn es wirklich einmal Klumpen gegeben hat, wirkt ein Pürierstab Wunder. Diese Saucengrundlage kann man nach Belieben mit Kräutern und Gewürzen versehen. Verfeinern Sie mit dem, was Ihnen schmeckt und bekommt. Sie können nach diesem Rezept natürlich auch mit anderen Mehlen experimentieren. Da sie eine unterschiedliche Fähigkeit haben, Wasser zu binden, wird die Menge variieren. Probieren Sie es aus. Wenn Sie nachträglich Mehl in eine Sauce einbringen möchten, weil sie zu dünn geraten ist, rühren Sie es vorher in etwas kaltem Wasser in einer Tasse an, um Klumpen zu vermeiden.

Käsesauce

Reis
Wasser
Gouda
Salz
Honig
Basilikum
Fett

80 g Naturreis, Fett zum Anschwitzen, 500 ml Wasser, 80 g Gouda, 1 Prise Salz, 1 TL Basilikum, 1 TL Honig

Den Reis fein mahlen. Fett erhitzen und Mehl einstreuen. Leicht bräunen. Mit einem Drittel des Wassers ablöschen, unter Rühren aufkochen, nacheinander die beiden weiteren Drittel Wasser dazugeben und zwischendurch immer wieder aufkochen. Den Käse kleinschneiden oder reiben, unterrühren und schmelzen lassen, mit den Gewürzen abschmecken.

Sauce Hollandaise 1

Zwiebel
Essig
Wasser
Eigelb
Butter
Pfeffer
Salz

5 - 6 Zwiebeln, ca. 400 g, 400 ml Wasser, 8 EL Essig, 6 Eigelb, 200 g Butter, Pfeffer, Salz

Die absolute Eier-Kalorienbombe, aber sooo ... gut. Wer es sich erlauben kann, sollte Sauce Hollandaise in seinen Küchenzettel für Festmenüs aufnehmen. Veranstalten Sie am besten ein Probekochen im Familienkreis,

bevor Sie Gäste einladen. Die Sauce ist nicht ganz einfach, aber mit etwas Übung gelingt sie regelmäßig.
Die Zwiebeln schälen, grob in Stücke schneiden und mit Essig und Wasser aufsetzen. Stark ankochen und auf kleinster Stufe etwa 25 Minuten köcheln lassen. Die Eier teilen, das Eiweiß für ein anderes Gericht verwahren. Die Butter zerlassen, nicht zu stark erhitzen, sie darf nicht bräunen. Alle Zutaten bereitstellen.
Die folgenden Arbeitsgänge müssen im Topf auf der Herdplatte bei schwächster Hitze ausgeführt werden. Das Eigelb muss gerade stocken, darf aber nicht ausflocken. Bei Bedarf die Platte zwischendurch ausschalten. Die meisten Rezepte für Sauce Hollandaise empfehlen, die Sauce in einer Schüssel im heißen Wasserbad aufzuschlagen. Das ist umständlich und eigentlich nur auf dem Gasherd notwendig, um überall im Topf eine gleichmäßige Temperatur zu erzielen.
Mit einem Pürierstab die Zwiebeln in der Kochflüssigkeit zermusen. Die Eidotter dazugeben und so kräftig aufschlagen, dass eine schaumige Masse entsteht. Weiterpürieren und langsam die zerlassene Butter dazugeben. Den weißen, flockigen Bodensatz der Butter zurückbehalten. Mit Pfeffer und Salz würzen. Sofort auftragen.
Die Sauce paßt zu allen zarten Gemüsen und zu kurzgebratenem Fleisch. Auch zum kurzen Überbacken ist sie geeignet. Aufwärmen läßt sie sich schlecht. Aber es werden sowieso kaum Reste bleiben ...

Tipp: Wenn die Sauce nicht steif wird, kann das an mangelnder Hitze liegen. Trauen Sie sich ruhig! Sie haben dann genug geheizt, wenn die Masse da, wo Sie den Mixstab reinhalten, deutlich heller wird. Dann wird sie auch sämig. Erst jetzt Hitze drosseln, eventuell Topf kurz von der Platte heben.

Sauce Hollandaise 2

ZWIEBEL
ESSIG
WASSER
EIGELB
ÖL
PFEFFER
SALZ

Nach vorhergehendem Rezept zubereiten. Man kann die Butter durch 50 ml Öl ersetzten (oder natürlich durch Butterschmalz, falls man es verträgt). Ansonsten bleibt die Zubereitung gleich. Und auch am Geschmack werden nur ganz versierte Feinschmecker feststellen, dass "da was nicht stimmt". Verwenden Sie ein neutrales Öl. Kaltgepresste Öle mit starkem Eigengeschmack verändern das Aroma. Besonders empfehlenswert für Allergiker ist Sonnenblumenöl. Im Zweifelsfalle die Marke, die Ihnen am besten bekommt, austesten. Ohne Eier geht es leider nicht!

Ketchup

TOMATEN
SALZ
GEWÜRZE NACH WAHL
HONIG

1 kg Tomaten, 2 EL Honig, Gewürze wie Zitronensaft, Salz und Kräuter nach Wahl

Die Tomaten waschen, kleinschneiden und alle grünen Teile entfernen. Stark ankochen und wenn eine Dampffahne am Deckelrand erscheint, auf allerkleinste Stufe schalten. Etwa 1 Stunde köcheln. Meist haben die Tomaten genügend Flüssigkeit, um nicht anzubrennen. Im Bedarfsfall ganz wenig Wasser zugeben. Die fertige Masse kurz mit dem Mixstab pürieren. Honig dazurühren und nach Geschmack würzen.
Im Sommer, wenn Tomaten günstig zu haben sind, kann man sich von diesem Ketchup gut einen Vorrat anlegen und in Gläser einwecken. Dazu den Ketchup in saubere Weckgläser füllen, Gummiring und Deckel auflegen und mit einer Klammer versehen. Dabei darf keine Verunreinigung zwischen Glasrand und Gummiring gelangen. In eine Grillpfanne stellen, reichlich Wasser dazugießen und bei 80 °C 20 Minuten im Backofen sterilisieren. Der Prozess ist abgeschlossen, wenn Bläschen im Glas hochsteigen. Die Gläser im Ofen auskühlen lassen und am nächsten Tag die Klammern entfernen. Vorräte halten sich so über Monate, sind jedoch regelmäßig zu kontrollieren, damit sich nicht unbemerkt ein Deckel löst.

Pesto Genovese 1

PINIENKERNE
PARMESAN
BASILIKUM
OLIVENÖL
ZITRONENSAFT

*50 g Pinienkerne, 50 g frische Basilikumblätter, 50 g Parmesankäse,
1 EL Olivenöl, Saft einer halben Zitrone*

Pinienkerne, Basilikum und Parmesan zusammen kleinhacken. Öl und Zitronensaft dazugeben und mit dem Pürierstab oder im Mixer pürieren. Es entsteht eine cremige Paste. Der Zitronensaft verhindert, dass das frische Basilikum dunkel wird.

Kenner der italienischen Küche schätzen Pesto Genovese (aus Genua) zu Spaghetti oder auf Pizza. Man kann es auch aufs Brot oder als Dip essen. Pinienkerne, Basilikum und Parmesan geben ihm den typischen Geschmack. Die folgenden Varianten sind zwar nicht mehr ganz "original", bieten aber Ausweichmöglichkeiten bei Unverträglichkeiten.
Es geht auch mit getrocknetem Basilikum. Dann ist der Zitronensaft nicht mehr unbedingt nötig. Eventuell braucht man etwas mehr Öl, weil Flüssigkeit fehlt.

Pesto Genovese 2

Sonnenblumenkerne
Parmesan
Basilikum
Olivenöl
Zitronensaft

50 g Sonnenblumenkerne, 50 g frische Basilikumblätter, 50 g Parmesankäse, 1 EL Olivenöl, Saft einer halben Zitrone

Zubereitung wie oben, nur mit Sonnenblumenkernen statt der Pinienkerne.

Pesto Genovese 3

Mandeln
Basilikum
Olivenöl
Zitronensaft

50 g geschälte Mandeln, 50 g frisches Basilikum, 2 EL Olivenöl, Saft einer halben Zitrone

Mandeln und Basilikum hacken, mit dem Öl und Zitronensaft zusammen mixen. Bei Bedarf etwas mehr Öl oder einen EL Wasser zugeben.

Mandel-Mayonnaise

MANDELN
WASSER
ÖL
SALZ
ZITRONE

100 g Mandeln, 50 ml Wasser, 100 ml Öl, 1/2 TL Salz, 1 EL Zitronensaft

Die Mandeln mit kochendem Wasser überbrühen und die Schale abziehen. Das Wasser nicht verwenden. Mandeln und frisches Wasser mit einem Pürierstab zermusen. Das Öl mit den Schneebesen eines Handrührgerätes tropfenweise unter die Masse rühren. Mit Salz und Zitrone abschmecken. Wer fertig geschälte Mandeln verwendet, sollte sie trotzdem überbrühen, damit sie etwas Wasser aufsaugen.

Meerrettich-Creme

MANDELN
WASSER
ÖL
SALZ
!MEERRETTICH!
!AHORNSIRUP!

100 g Mandeln, 50 ml Wasser, 100 ml Öl, 1/2 TL Salz, 180 g geriebener Meerrettich, 1 TL Ahornsirup

Die Zubereitung gleicht der im vorigen Rezept, zum Schluss den Meerrettich und den Ahornsirup hinzufügen. Die Creme lässt sich durch Wasser beliebig verdünnen, so dass eine flüssige Sauce entsteht.
Sie eignet sich als Dip fürs kalte Büffet, man kann sie aber auch zu warmen Fleischgerichten reichen.

Achtung: wenn sie geriebenen Meerrettich kaufen, achten sie besonders auf die Zutatenliste, viele Produkte sind mit Bindemitteln oder Gewürzen vermischt. Wer ganz sicher gehen will, kann natürlich Meerrettich am Stück kaufen, ihn schälen und selber ganz fein raffeln.

„Amaranth-Mayonnaise"

Amaranth
Wasser
Salz
Zitronensaft
Öl

Einmal das Grundrezept für Amaranth-Grütze, dazu 5 EL Öl, Salz, Zitronensaft

Die Amaranth-Grütze nach Rezept Seite 109 herstellen, abkühlen lassen, Öl dazugeben und mit dem Pürierstab mixen. Mit Salz und Zitronensaft würzen.

Was zusätzliche Gewürze angeht, können Sie im Rahmen Ihrer Möglichkeiten verschiedene Geschmacksrichtungen erfinden: Knoblauch und Kräuter, Kümmel, Muskat, Paprika. Die „Mayonnaise" eignet sich hervorragend als Dip für die kalte Küche oder als Beilage zu Grillfleisch oder natürlich auch zu Pommes.

Wenn man versucht sie im Kühlschrank aufzuheben, zieht sie nach einem Tag Fäden. Das beeinträchtigt nicht den Geschmack, wirkt aber für manche Leute unappetitlich.

Avocado-Dip

Avocado
Pfeffer
Salz
Zitrone

1 Avocado, je 1 Prise Pfeffer und Salz, 1 TL Zitronensaft

Die Avocado längs aufschneiden, den Kern entfernen und die Schale abziehen. Das Fruchtfleisch in Stücke schneiden und mit dem Pürierstab pürieren. Pfeffer, Salz und Zitrone zugeben. Ohne Zitronensaft wird der Dip schnell braun und unansehnlich.

Avocados muss man sorgfältig aussuchen. Um einen solchen Dip herzustellen, müssen sie voll ausgereift sein. Die Schale muss auf Druck leicht nachgeben. Sie sollte dunkelgrün, glänzend und elastisch sein. Wenn die Früchte überreif sind, wird sie braun und brüchig. Da die bei uns im Handel befindlichen Avocados unreif geerntet werden und während des Transportes nachreifen, findet man oft welche, die noch zu fest sind. Sie reifen jedoch problemlos auf der Fensterbank.

Suppe für alle

Jetzt folgen erst einmal eine ganze Menge Suppen, die als Vorspeise gedacht sind. Falls Sie feststellen, dass eine davon Ihre Lieblingsspeise wird, können Sie sie natürlich auch zum Hauptgericht umfunktionieren, indem Sie einfach den Anteil der Einlage so vervielfältigen, dass genug sättigende Masse entsteht.

Aufgepasst: Hatten Sie in letzter Zeit gekochtes Rindfleisch oder Hähnchen im Rohr? Dann können sie in den nächsten Rezepten die aufgehobene Brühe verwenden!

Hirse-Grießsuppe

Hirse
Wasser
Salz
Croutons aus dem eingenen Brot
Fett

Fett zum Rösten, 100 g Hirse, 1000 ml Wasser, Salz, ca. 60 g Croutons (natürlich aus Ihrem eigenen Brot)

Die Hirse schroten. In Fett anrösten und mit dem Wasser ablöschen. 10 Minuten köcheln lassen. Salzen. Die Croutons in etwas Fett auf der Pfanne rösten. Vor dem Auftragen auf die Suppe streuen.

Tipp: Die Croutons schneidet man sich am besten selbst aus Resten von Brot oder anderem herzhaftem Gebäck. Man kann sie trocknen und bei Bedarf in etwas Fett auf der Pfanne rösten.

Variante: Wer Sahne verträgt, kann die Suppe mit einigen Löffeln davon verfeinern. Sie eignet sich gut als Vorsuppe oder, mit einem „Butterbrot" (bei Bedarf auf Margarine ausweichen), als schneller Imbiss, wenn man etwas Warmes braucht.

Champignonsuppe

Champignons
Hirse
Wasser
Salz
Fett

400 g Champignons, Fett zum Anbraten, 60 g Hirse, 800 ml Wasser, 1 Prise Salz

Die Champignons waschen, putzen und kleinschneiden, die Hirse fein mahlen. Die Pilze in Fett bei starker Hitze unter ständigem Wenden anbraten und mit dem Hirsemehl bestäuben. Mit Wasser auffüllen und aufkochen. Bei schwacher Hitze 10 Minuten köcheln lassen. Salzen.
Wer es verträgt, kann wahlweise mit Muskat und Pfeffer würzen.

Grünkernsuppe

Grünkern
Fett
Wasser
Salz

50 g Grünkern, Fett zum Rösten, 800 ml Wasser, 1 Prise Salz

Grünkern schroten. In Fett rösten. Ablöschen, aufkochen und 10 Minuten bei kleinster Hitze ziehen lassen. Mit Salz abschmecken.
Wer es verträgt, kann die Suppe vor dem Servieren mit gehackter Petersilie bestreuen.
Variante: Natürlich kann man diese Suppe mit Croutons (aus dem selbstgebackenen Brot) servieren. Wer sie etwas gehaltvoller mag, nimmt einfach mehr Grünkern.

Sauerampfersuppe

Sauerampfer
Weizen
Fett
Wasser
Salz

---

40 g Sauerampfer, 60 g Weizenvollkornmehl, Fett zum Rösten, 800 ml Wasser, Salz

---

Den Sauerampfer hacken. Das Mehl in Fett anrösten, ablöschen, unter Rühren aufkochen und fünf Minuten köcheln lassen. Salzen und zum Schluß den Sauerampfer zugeben.

Variante: Probieren Sie einmal, statt Sauerampfer Brennnesseln zu nehmen. Saison dafür ist das ganz frühe Frühjahr, wenn die Pflanzen gerade aus dem Boden kommen und aus nichts als einer einzigen Blattrosette bestehen. Gehen Sie aber nur da sammeln, wo Sie sicher sein können, dass kein Bauer oder Eisenbahner Chemikalien versprüht hat.

Tomatensuppe

Mais
Fett
Wasser
Tomaten
Salz
Zitrone
Olivenöl
!Ahornsirup!

---

50 g Maismehl, Fett zum Anschwitzen, 700 ml Wasser, 4 Tomaten, 1 Prise Salz, 1 TL Zitronensaft, 1 EL Olivenöl, Ahornsirup

---

Das Mehl in Fett anschwitzen, ablöschen und unter Rühren aufkochen. Die Tomaten heiß überbrühen, enthäuten und kleinschneiden. In die Suppe geben und noch fünf Minuten köcheln lassen. Mit Salz, Zitronensaft, Ahornsirup und Olivenöl abschmecken. Wer die Suppe sämig mag, kann sie kurz mit dem Pürierstab pürieren. Wer es verträgt: Frisches Basilikum hacken und vor dem Servieren aufstreuen.

Nun wird es deftig-kräftig. Es folgen noch zwei Suppenrezepte, von denen man rund um satt wird.

Hokkaido-Suppe

HOKKAIDOKÜRBIS
WASSER
SALZ

1 000 ml Wasser, 800 g Hokkaidokürbis, 1 Prise Salz

Hokkaidokürbisse machen eine Suppe auch ohne jede weitere Zutat schön sämig.

Den Kürbis entkernen, schälen und kleinschneiden. In dem leicht gesalzenen Wasser 20 Minuten garkochen und am Ende mit dem Pürierstab pürieren. Mit einem „Butterbrot" (bei bedarf auf Margarine ausweichen) zusammen kann diese Suppe als sättigendes Hauptgericht gereicht werden.

Varianten: Diese Grundsuppe können Sie nach Ihren Möglichkeiten vielfältig variieren: mit einem Löffel Sahne oder Schmand, gehackten Kräutern, Muskat oder Paprika, Croutons, gerösteten Zwiebeln oder Speck. Wer eine Vorsuppe kochen will, nimmt einfach weniger Kürbis, dann wird die Suppe nicht so gehaltvoll.

Hülsenfrüchteeintopf

HÜLSENFRÜCHTE
GEMÜSE
WASSER
SALZ

300 g Hülsenfrüchte nach Wahl, 1 1/2 l Wasser, 600 g Gemüse nach Wahl, 3 TL Salz

Hülsenfrüchte eignen sich hervorragend für sättigende Eintöpfe. Man sollte sie ruhig öfter verzehren, da sie viel wertvolles Eiweiß und Mineralien enthalten. Für Menschen, die auf Milch verzichten müssen, ist vor allem der relativ hohe Gehalt an Calcium wichtig.
Man weicht sie über Nacht ein und kocht sie dann im Einweichwasser mit etwas Salz. Bei gelben Sojabohnen und auch Kichererbsen das Einweichwasser weggießen, es kann Blähungen verursachen.
Das Gemüse wird geputzt und geschnitten und so dazugegeben, dass es noch 20 Minuten mitkochen kann. Der Eintopf sollte zuerst einmal stark aufgeheizt werden. Wenn er sprudelnd kocht, die Temperatur drosseln und auf kleiner bis mittlerer Hitze garkochen lassen. Die Garzeiten für die verschiedenen Hülsenfrüchte folgen im nächsten Abschnitt. Zum Schluss salzen, wer möchte kann natürlich nach Geschmack würzen mit Paprika, Pfeffer, Muskat oder Kräutern.

Variante: Man kann auch ein Stück Suppenfleisch vom Rind, etwa 1 kg, mitkochen. Das braucht eine bis eineinhalb Stunden Garzeit. Daher ist es sinnvoll, es mit Bohnen, Sojabohnen oder Kichererbsen zu kombinieren. Linsen sind zu schnell gar.

Garzeiten für Hülsenfrüchte, normal

Trockene Erbsen: eine Stunde
weiße oder rote Bohnen: zwei bis drei Stunden
gelbe Sojabohnen: vier Stunden
Linsen: 20 bis 30 Minuten
Kichererbsen: zwei bis drei Stunden
zusätzliches Gemüse, kleingeschnitten: 20 Minuten

Achten Sie darauf, dass während der langen Garzeit das Wasser nicht knapp wird und der Eintopf anbrennt. Wenn Sie größere Mengen Wasser nachfüllen, immer noch einmal neu aufkochen und dann wieder zurückschalten. Man kann das Gericht beliebig mit Wasser verdünnen und noch einmal aufkochen. Ich mag es besonders gern etwas sämig. Dazu muss man nur einige der garen Hülsenfrüchte zerdrücken. Natürlich kann man einen Eintopf mit allen frischen oder getrocknete Kräutern, die man gerne hat und verträgt, würzen.

Hülsenfrüchte im Schnellkochtopf, Stufe 2

Wegen der langen Garzeit ist ein Schnellkochtopf hier sehr sinnvoll einzusetzen. Füllen Sie die Suppe ohne Siebeinsätze wie in einem normalen Topf ein. Achten Sie unbedingt auf die Gebrauchanweisung und lassen Sie den Dampf vor dem Öffnen nicht zu stürmisch ab, so ein Eintopf bildet schon eine heftig brodelnde Masse. Besser in Etappen entlüften und anschließend noch einen Moment warten, bis sich der Vulkan beruhigt hat, bevor Sie den Deckel öffnen.

Erbsen: 20 Minuten
weiße oder rote Bohnen: 30 - 40 Minuten
gelbe Sojabohnen: 40 - 50 Minuten
Linsen: 10 Minuten
Kichererbsen: 30 - 40 Minuten
Zusätzliches Gemüse: 4 Minuten

Desserts

Black and White

Wasser
Agar-Agar
brauner Zucker
Kakao
Bananen

500 ml Wasser, 1 TL Agar-Agar, 6 EL feiner brauner Zucker, 6 EL Kakao, 2 Bananen

Agar-Agar in Wasser auflösen und kurz aufkochen. Eine Stunde lang kühl stellen. Es bildet sich eine schnittfeste Masse. Zucker und Kakao mischen und darunter rühren. Die Bananen im Mixer oder mit dem Pürierstab zermusen. In Portionsschälchen zuerst die Bananensauce verteilen und in die Mitte die Schokocreme geben.
Tipp: Wählen Sie für dieses Rezept einen besonders milden und feinkörnigen braunen Zucker aus.

Schokosauce zartbitter

Johannisbrotkernmehl
Wasser
brauner Zucker
Kakao

10 EL feiner brauner Zucker, 8 - 10 EL Kakao, 4 Messlöffel (liegt der Packung bei, ca. ¼ TL) Johannisbrotkernmehl, 400 ml Wasser

Kakao, Zucker und Johannisbrotkernmehl mischen. Unter Rühren mit dem Schneebesen langsam das Wasser dazugeben. Zum Quellen eine Stunde lang kaltstellen.
Wenn Sie eher auf "Vollmilchgeschmack" stehen, bereiten sie diese Sauce mit etwas weniger Kakao zu. Sie wird dann lieblicher.

Birne Helene

Birnen
Schokosauce aus:
Agar-Agar
brauner Zucker
Wasser
Kakao

4 Birnen, Schokocreme nach Rezept black and white S.105

Die Birnen waschen, halbieren und schälen. Wenn sie roh nicht vertragen werden, kochen. Dazu den Boden eines Topfes fingerbreit mit Wasser bedecken, die Birnenhälften hineingeben, stark ankochen und auf kleinster Flamme 10 Minuten garen. Natürlich kann man auch eingemachte Früchte verwenden. (Auf Zutatenliste achten!)
Nach obigem Rezept eine Schokocreme zubereiten. Die vorbereiteten Früchte auf Portionstellern mit der Creme anrichten.

Mecklenburger Götterspeise

Brot von Ihrem Selbstgebackenen
brauner Zucker
Zimt
!Sauerkirschen!
Sahne

150 g altes Brot (natürlich von Ihrem selbstgebackenen), 3 EL brauner Zucker, 2 TL Zimt, 200 g gekochte Sauerkirschen, 250 ml Sahne

Die Sauerkirschen kochen oder eingemachte verwenden (Achtung Zutatenliste). Auf einem Sieb abtropfen lassen. Sie müssen kalt sein. Das Brot fein hacken oder reiben, mit Zucker und Zimt vermischen. Die Sahne schlagen. In eine Glasschüssel zuerst Brotkrumen, dann Kirschen und darauf Sahne schichten, solange der Vorrat reicht.Wenn Sie wichtige Gäste erwarten, entkernen Sie die Kirschen. Wenn es dagegen schnell gehen muss, kann die Familie auch mal spucken (mit Kirschkernen natürlich).

Das Brot kann ruhig trocken sein. Sie können auch ihr selbstgemachtes Paniermehl (S. 72) verwenden. Dann stimmt die Mengenangabe nicht mehr ganz, denn je trockener das Brot, desto leichter wird es.

Bananeneis

BANANEN
TOFU
SOJAMILCH
!AHORNSIRUP!

4 Bananen, 2 EL Ahornsirup, 100 g Tofu, 200 ml Sojamilch

Die Bananen mit dem Ahornsirup zusammen pürieren und in eine Gefrierschale füllen. Den Tofu pürieren und mit der Sojamilch mixen, bis viel Schaum entsteht. Den Sojamilchschaum auf die Bananenmasse geben und mit dem Schneebesen unterheben. In den Gefrierschrank stellen und nach einer bis zwei Stunden einmal umrühren. Nach etwa vier bis fünf Stunden ist die Masse hart gefroren. Am besten schmeckt das Eis, wenn man, je nach Menge und Gefriertemperatur, einen Zeitpunkt abpasst, zu dem es noch nicht ganz durchgefroren ist. Sonst ist es sehr hart und lässt sich nicht mit dem Löffel abstechen. Bei Vorratshaltung empfiehlt es sich, die gewünschte Portion etwa eine Stunde vor dem Verzehr im Kühlschrank anzutauen.
Man kann auch Eis am Stiel herstellen: Hierfür gibt es spezielle Kunststoffformen zu kaufen. Die einfachere Methode: Die fertige Masse in eine Eiswürfelschale füllen und in die einzelnen Fächer Zahnstocher stecken, wenn das Eis halb gefroren ist.

Mandeleis

MANDELN
WASSER
HONIG

200 g Mandeln, 400 ml Wasser, 2 EL Honig

Die Mandeln mit kochendem Wasser überbrühen und pellen. Das Brühwasser nicht verwenden. Alle Zutaten zusammen mit dem Mixstab pürieren und schaumig schlagen. In eine Gefrierdose geben und etwa 1 Stunde lang ins Gefrierfach stellen. Umrühren und weiterfrieren. Das Eis ist am besten, wenn es nicht ganz durchgefroren ist.
Entweder sollte man es nur zwei Stunden vor dem Verzehr zubereiten oder eine Weile im Kühlschrank antauen.
Variante: Wer möchte, kann nach diesem Rezept auch Schokoladeneis herstellen, indem er einen Esslöffel Kakao untermischt.

Erdbeereis

BANANE
ERDBEEREN
HONIG
SALZ

1 Banane, 4 dicke Erdbeeren, 1 EL Honig, 1 Prise Meersalz

Banane schälen, Erdbeeren waschen und Stiele entfernen, alle Zutaten in einen Mixbecher geben und mit dem Pürierstab gut durchmixen. In eine Gefrierdose geben und einfrieren. Am besten schmeckt das Eis nach etwa 2 1/2 Stunden, wenn es noch nicht ganz durchgefroren ist.

Zitroneneis

BANANE
ZITRONE
HONIG
SALZ

1 Banane, Saft einer Zitrone, 1 EL Honig, 1 Prise Meersalz

Zubereitung wie Erdbeereis.
Variante: Wer es verträgt, kann das Eis natürlich mit Schlagsahne krönen.

Grundrezept Amaranth-Grütze

AMARANTH,
WASSER

Pro Person:
100 g Amaranth, 200 ml Wasser

Wasser aufkochen, ganze Amranth-Körner einstreuen, umrühren und 20 Minuten köcheln lassen. Die angegebene Menge ergibt 225 g Grütze. Achtung: Die feinen Körner sind manchmal mit Steinchen verunreinigt. Auf einem extrem feinen Haarsieb sorgfältig abspülen.

Die Grütze ist vielseitig verwendbar. Würzen Sie sie mit einem Löffel Zucker, Honig oder Ahornsirup, und Sie haben ein Dessert, das durchaus mit Grießpudding konkurrieren kann. Je nach Geschmack und Ihren Möglichkeiten können Sie Vanille oder Zimt hinzugeben und das Dessert mit Früchten Ihrer Wahl kombinieren.
Variante: Wer immer es verträgt, sollte es als krönenden Abschluss einer Mahlzeit mit Sahne verfeinern.

Wurst zum Selbermachen

Diese beiden althergebrachten Rezepte habe ich in Rügen gesammelt. Roland Ehrich, der Küchenchef des Cliff-Hotels, hat sie mir verraten.

Leberwurst

Schweinefleisch
Schweineleber
Zwiebeln
Salz
Pfeffer
Thymian
Majoran

Wareneinsatz für 5 kg hausmacher Leberwurst:

3 kg Schweinebauch, 2 kg Rückenfett (ungeräucherter, fetter Speck), 1/2 kg Schweineleber, 1/2 kg Zwiebeln, 110 g Salz, 11 g Pfeffer, 10 g Majoran, 10 g Thymian

---

Den Schweinebauch und das Rückenfett in reichlich Wasser etwa 10 Minuten abkochen. Etwas Fett zurückbehalten. Die Leber überbrühen. Die Zwiebeln schälen und zusammen mit dem zurückbehaltenen Fett kleinschneiden, in der Pfanne anbräunen. Alles vorbereitete Fleisch und die Leber in handliche Stücke schneiden und durch den Fleischwolf drehen. Mit den Gewürzen und den gebratenen Zwiebeln verrühren. In einer hitzefesten Form im Wasserbad 90 Minuten bei ca. 85 °C ziehen lassen.

Man kann die Wurst auch in Gläsern sterilisieren. Dazu die Einmachgläser spülen, neue Gummiringe überbrühen und bereitstellen. Die rohe Wurstmasse einfüllen, Gummis zwischen Glas und Deckel legen und mit einer Klammer verschließen. Es dürfen keine Krümel zwischen Deckel und Gummiring sein. Die Gläser auf eine Grillpfanne stellen, in den Backofen schieben und so viel wie möglich Wasser beifüllen. 90 Minuten bei 85 °C sterilisieren. Im Backofen auskühlen lassen und die Klammern

entfernen. Vorräte regelmäßig kontrollieren, damit sich nicht unbemerkt ein Deckel löst. Wer einen Einmachtopf besitzt, kann natürlich auch den verwenden.
Wer eines oder mehrere Gewürze nicht verträgt, kann sie weglassen oder versuchen, sie auszutauschen. Majoran und Thymian kann man durch Oregano oder Rosmarin ersetzen. Viel Salz ist für die Leberwurst leider unerlässlich, für meinen Geschmack kann man die Menge jedoch etwas reduzieren. Erschrecken Sie nicht: Wenn Sie die Masse vor dem Kochen probieren, könnte es sein, dass sie Ihnen versalzen vorkommt. Hinterher stimmt der Geschmack.

Apfelschmalz

FLOMEN (SCHWEINEFETT)
ZWIEBEL
APFEL
SALZ

600 g Flomen (Schweinefett), 200 g Zwiebeln, 1 Apfel, 2 TL Salz

Flomen gibt es zwar nicht im Supermarkt an der Fleischtheke, aber beim Metzger, wenn man danach fragt. Man kann stattdessen auch ungeräucherten, sogenannten "grünen" Speck nehmen.
Den Flomen oder Speck in kleine Würfel schneiden. Die Zwiebeln und den Apfel schälen und ebenfalls würfeln.
Einen Bratentopf erhitzen und den Flomen hineingeben. Etwas anbraten und Äpfel und Zwiebeln darunter mischen. Das Fett bei starker Hitze auslassen, bis die Grieben winzig klein und bräunlich sind und die Zwiebeln anfangen, zu bräunen.
Das kann bei der angegebenen Menge 20 bis 30 Minuten dauern.
Das fertige Schmalz in eine hitzebeständige Schüssel geben, salzen und abkühlen lassen.
Nach Belieben kann man das Apfelschmalz, das auch so schon sehr gut schmeckt, mit Gewürzen wie Thymian, Majoran oder Nelken verfeinern.
Ohne Geschmackszutaten kann man nach diesem Rezept reines Schmalz herstellen, das sich zum Braten eignet.

Vegetarische Aufstriche

In Frankreich gibt es Maronenmus in Gläsern zu kaufen, wie bei uns Nougatcreme. Ich habe nicht nachgeprüft, welche Zusatzstoffe dieses Produkt enthält, aber es gab mir die Anregung zu folgendem Rezept:

Maronenmus

Maronen (Esskastanien)
Wasser
Salz
Pfeffer
Zimt
Vanille
Gewürze nach Wahl

---

350 g Maronen, reichlich Kochwasser, 100 ml Wasser, Gewürze nach Geschmack: z.B. 1 Prise Salz, 1 Prise Pfeffer; oder 1 Prise Zimt, eine Messerspitze Salz; oder 1 Prise Vanille, 1 Messerspitze Salz

---

Die Maronen an der Spitze über Kreuz einschneiden, 15 Minuten in Wasser garen. Schälen und kleinschneiden. Zum Schälen immer nur eine kleine Menge aus dem Wasser nehmen. Sobald die Maronen erkalten, lässt sich die dünne innere Schale nur sehr mühsam lösen. Heiß geht es ganz einfach. Die geschälten Maronen mit 100 ml Wasser mit dem Pürierstab mixen, so dass eine cremige Masse entsteht. Nach Geschmack und den individuellen Möglichkeiten würzen. Die Maronen enthalten viel Süße. Deshalb ist auch bei Vanille- oder Zimtgeschmack die Spur Salz ganz wichtig.

Tipp: Maronen reifen im Herbst. Dann bekommt man sie frisch. Gute Ware erkennt man an der glatten, glänzenden, elastischen Schale. Manchmal findet man auch fertig gekochte, geschälte Maronen abgepackt im Supermarkt. (Zutatenliste beachten!)

Das Maronenmus hält sich einige Tage im Kühlschrank. Es eignet sich als Brotaufstrich, als Füllung für Crêpes und als Babynahrung während des Abstillens (ganz ohne Gewürze).

Hummous

Kichererbsen
Olivenöl
Zitronensaft
Salz

250 g Kichererbsen, 1 EL Olivenöl, Saft einer Zitrone, 1/2 TL Salz

Hummous ist ein Brei aus Kichererbsen. Bei den Arabern im Basar der Jerusalemer Altstadt kann man Hummous mit Fladenbrot stippen. Als Beilage gibt es frische Salate oder Mixed Pickles. Der Kichererbsenbrei eignet sich gut als Brotaufstrich.

Die Kichererbsen über Nacht in reichlich Wasser einweichen, am nächsten Tag zwei bis drei Stunden auf kleiner Flamme in frischem Wasser garen. Achtung: Niemals den Kochvorgang unterbrechen. Halbgare Kichererbsen, die einmal kalt waren, werden nie mehr richtig gar.
Die fertigen Erbsen abschütten, durch ein Sieb streichen oder mit dem Mixstab pürieren und mit den restlichen Zutaten verrühren.
Wegen der langen Garzeit lohnt es sich, einen Schnellkochtopf einzusetzen (Garzeiten auf S.104).

Mandelmus

MANDELN
WASSER
SALZ

100 g Mandeln, 50 ml Wasser, eine Prise Salz

Die Mandeln mit kochendem Wasser überbrühen und die Schale abziehen. Wasser dazugeben und mit einem Pürierstab zermusen. Nach Geschmack salzen. Das Brühwasser nicht verwenden.

Variante: Sie können statt Mandeln auch Haselnüsse nehmen. An denen kann man die Schale nicht abziehen. Trotzdem sollte man sie überbrühen.

Kokosaufstrich

KOKOSFLOCKEN
WASSER
SONNENBLUMENKERNE
HONIG
PFEFFER
SALZ

100 g Kokosflocken, 100 ml Wasser, 100 g Sonnenblumenkerne, 50 ml Wasser, 1 TL Honig, 1 Prise Pfeffer und Salz

Die Kokosflocken in 100 ml Wasser aufkochen, zusammen mit den restlichen Zutaten mit dem Pürierstab mixen.

Marmeladen

Achtung, gilt für alle Marmeladen: Die Gläser dürfen beim Einfüllen nie eiskalt sein, wenn sie mit der kochenden Marmelade oder dem Gelee in Berührung kommen. Sie könnten platzen.

Kirschmarmelade 1

Kirschen
Honig oder brauner Zucker
Agar-Agar

500 g Kirschen, 4 EL Honig oder brauner Zucker, 1 TL Agar-Agar

Die Kirschen entkernen und alle Zutaten zusammen in einem Topf mit dem Pürierstab zerkleinern. Einmal kräftig aufwallen lassen. In vorbereitete Schraubdeckelgläser füllen, verschließen und noch heiß auf den Kopf stellen, damit sich der Deckel zuzieht.
Auch wenn Sie größere Mengen verarbeiten wollen, immer nur in kleinen Portionen kochen, da das Aufkochen sonst länger dauert und die Gelierstoffe durch die Hitze stärker leiden.
Wenn der Deckel gut schließt, ist die Marmelade über mehrere Monate ohne Kühlung haltbar. Es eignen sich jedoch nur Schraubgläser mit gummiertem Metalldeckel. Kunststoffdeckel ziehen sich nicht fest.

Kirschmarmelade 2

Kirschen
Honig oder brauner Zucker
Agar-Agar

500 g Kirschen, 1 TL Agar-Agar, 500 g Honig oder brauner Zucker

Die Marmelade nach obigem Rezept zubereiten. Durch den höheren Anteil an Zucker oder Honig ist sie monatelang haltbar, auch wenn der Deckel nicht richtig schließt.

Vorräte regelmäßig auf Schimmelbefall überprüfen!

Johannisbeergelee

JOHANNISBEEREN
BRAUNER ZUCKER

1 kg rote Johannisbeeren, 500 g brauner Zucker

Johannisbeeren sind besonders geeignet zur Herstellung von Gelees. Wenn man einige Grundregeln beachtet, gelingt er auch ohne Geliermittel regelmäßig. Dieses Rezept wurde wahrscheinlich in einer Zeit erfunden, als es noch gar keinen Gelierzucker gab.
Die Johannisbeeren waschen, mit dem Pürierstab zermusen und den Brei 5 Minuten bei starker Hitze aufwallen lassen. Auf keinen Fall länger kochen, da sonst die Gelierstoffe zerstört werden. Ein sauberes Leinentuch in eine Schüssel aus Edelstahl oder Porzellan legen und die Masse hineingießen. Die Zipfel des Tuches zusammennehmen und mit einer Schnur verknoten. Einige Stunden, am besten über Nacht, über der Schüssel aufhängen und abtropfen lassen.
Diese etwas aufwendige Saftgewinnung ist schonender als das inzwischen allgemein übliche Dampfentsaften, wobei durch die Hitze die Gelierstoffe zerstört werden und in Form von Geliermitteln zugesetzt werden müssen.
Ein Kilo Beeren ergeben etwa 1/2 l Saft, den man am nächsten Tag mit dem Zucker zusammen ganz kurz aufkocht und in Schraubdeckelgläser füllt.
Das Gelee ist über Jahre haltbar. Regelmäßig kontrollieren.

Zwetschgenmus

ZWETSCHGEN
HONIG ODER BRAUNER ZUCKER

---

1 1/2 kg Pflaumen oder Zwetschgen, 150 g brauner Zucker oder Honig, etwas Wasser

---

Ich habe noch miterlebt, wie in unserer Familie zentnerweise Zwetschgen zu "Latwerge" gekocht wurden. Sie wurden entkernt und im Waschkessel zusammen mit Zucker zu einem zähen, fast schwarzen Brei eingedickt. Das bedeutete fast zwei Tage ununterbrochenes Rühren und konnte nur im größeren Familienkreis bewältigt werden. Die Latwerge war dann während des Winters eine ganz besondere Spezialität, die wir alle sehr zu schätzen wussten.

Dieses Rezept ist für einen „normalen“ Haushalt dimensioniert. Es macht gar nicht so viel Mühe, man muss sich nur die Zeit gut einteilen.

Die Zwetschgen entkernen und mit dem Zucker oder Honig in einen Topf geben, dessen Boden fingerbreit mit Wasser bedeckt ist. Den Topf zudecken. Stark aufkochen, wenn sich am Deckelrand eine Dampffahne zeigt, auf kleinste Stufe schalten und etwa fünf Stunden köcheln lassen. Am Ende der Kochzeit gut durchrühren.

Wer größere Mengen in einem entsprechend größeren Topf kochen möchte, sollte bedenken, dass sich die Kochzeit drastisch verlängert. Wer das Zwetschgenmus besonders dick mag, muss es lange kochen, wer ein flüssigeres Mus bevorzugt, kann es schon etwas eher abfüllen. Niemals rühren, bevor es die gewünschte Konsistenz hat. Dann brennt es an, wenn man nicht ständig weiterrührt.

Man kann das Mus in Weckgläser oder Marmeladengläser mit gummiertem Metalldeckel abfüllen. Schraubdeckelgläser bis etwa 500 g Inhalt bleiben verschlossen, wenn man das Pflaumenmuss kochendheiß bis an den Rand einfüllt, den Deckel zudreht und das Glas zum Abkühlen auf den Kopf stellt. Größere Weckgläser darf man nicht randvoll füllen und sollte sie noch einmal bei 80 °C etwa 20 Minuten im Backofen sterilisieren. Dazu die Gläser mit Gummiringen und Deckel versehen, mit einer Rexklammer zuklammern, auf die Grillpfanne stellen und Wasser beigießen. Wenn man die Gläser schon heiß in den Ofen gibt, verringert sich die Zeit. Sie ist um,

wenn Luftbläschen in den Gläsern hochsteigen. Die fertigen Gläser langsam im Ofen auskühlen lassen und die Klammer am nächsten Tag entfernen. Fest geschlossene Gläser halten sich über Monate. Man sollte jedoch regelmäßig kontrollieren, ob der Deckel geschlossen bleibt.
Variante: Wer es verträgt, sollte unbedingt eine Stange Zimt und ein Stück Sternanis mitkochen, das man vor dem Rühren entfernt.

Das tägliche Brot

Backen - das ist sicher eines der heikelsten Themen dieses Buches, und für manche von Allergien und Unverträglichkeiten Betroffene eine Lebensnotwendigkeit. Milch und besonders Eier geben unserem Gebäck Geschmack und Form, und ohne die glutenhaltigen Getreide Roggen und Weizen kann man sich unser tägliches Brot erst einmal gar nicht vorstellen. Trotzdem geht es auch ohne! Wie, das will ich ihnen auf den nächsten Seiten zeigen. Nehmen Sie sich ruhig ein wenig Zeit zum Schmökern, bevor sie in die Küche stürmen. Manches wird auch "alten Hasen" neu und ungewohnt erscheinen, in manches muss man sich erst einmal "hineindenken". Aber dann wird es sicherlich gelingen.

Mit den Backrezepten dieses Buches können Sie unabhängig werden von teueren, schwer beschaffbaren Spezialmehlmischungen und Fertiggebäck. Alle Zutaten sind in jedem Naturkostladen und Reformhaus, viele sogar im Supermarkt erhältlich. Die Verwendung von Vollkorn ist besonders wichtig für Zöliakie-Betroffene. Die angebotenen Fertigmischungen lassen in Bezug auf Nährstoffe manchmal zu wünschen übrig, da sie meist aus Auszugsmehlen und Bindemitteln bestehen. Diese Lücke lässt sich durch Vollkornbackwaren schließen.

Bei allen Vollkorngebäcken ist es sinnvoll, frisch gemahlenes Getreide zu verwenden, da unbehandeltes Vollkornmehl leicht verdirbt. Getreide wie Reis und Hirse sind außerdem hierzulande gemahlen nur schwer erhältlich. In Reformhäusern und Naturkostläden kann man sich das Getreide mahlen lassen. Sie sollten sich jedoch überlegen, ob sich für Sie nicht die Anschaffung einer Haushaltsmühle lohnt.

Das gilt besonders für Zöliakie-Betroffene, denn in den Geschäften werden ja hauptsächlich glutenhaltige Getreide vermahlen, und es bleiben immer Spuren davon in der Mühle zurück, die dann Ihr Hirse- oder Reismehl "verunreinigen". Eine kleine Mühlenkunde finden Sie auf S. 46.

Zum Fetten von Formen und Blechen eignet sich am besten Butter oder als Ersatz Butterschmalz. Es geht aber auch mit Margarine, wenn man die richtige Sorte herausfindet. Hinweise dazu auf S. 32ff.

Sauerteig-Grundrezept für Roggen-Weizen-Mischbort

Roggen
Wasser

400 ml Wasser, 400 g Roggenvollkornmehl

Wer kein Backferment verwenden möchte, für den gibt es trotzdem die Möglichkeit, ein Brot nur aus Getreide und Wasser zu backen. Es ist nicht schwer, einen eigenen Sauerteig herzustellen, man muss ihn nur einige Tage vor dem Backen "planen".

Roggen ist das Getreide, das am besten säuert, man kann den Teig aber auch aus Weizen zubereiten, wenn man Roggen meiden muss.

1. Tag: 100 ml Wasser
   100 g Roggenvollkornmehl
2. Tag: 100 ml Wasser
   100 g Roggenvollkornmehl
3. Tag: 200 ml Wasser
   200 g Roggenvollkornmehl
4. Tag: Brot backen

Roggenmehl und Wasser beginnen ohne weitere Zutaten bei Zimmertemperatur zu gären. Man muss Wasser und Mehl miteinander verrühren und jeden Tag die angegebenen Mengen hinzufügen. Den Teig immer mit Mehl bestäuben, damit er nicht austrocknet und ihn in einer Porzellan- oder Edelstahlschüssel mit einem Tuch bedeckt stehen lassen. Ab dem zweiten Tag riecht er angenehm säuerlich. Verdorben ist er, wenn er einen muffigen, scharfen oder schimmligen Geruch verbreitet.

Das Rezept ergibt etwa 700 g Sauerteig, der für ein Dreipfundbrot ausreicht.

Roggen-Weizen-Mischbrot

WEIZEN
ROGGEN
WASSER
SALZ
FETT FÜR DIE FORM
!HEFE!

650 g Weizen, 1 Päckchen Hefe, 300 ml lauwarmes Wasser, 3 TL Salz, 700 g Sauerteig nach obigem Rezept, Fett für die Form

Den Weizen fein mahlen. Zusammen mit allen Zutaten gut verkneten und 30 bis 60 Minuten in einer abgedeckten Schüssel gehen lassen. Der Teig soll nicht mehr flüssig sein, sich aber auch nicht von den Händen lösen. In einer gefetteten Kastenform nochmals 30 Minuten gehen lassen. Mit Mehl bestreuen und 70 Minuten bei 200 °C backen. In den Backofen eine Tasse Wasser zur Luftbefeuchtung stellen. Nach der Hälfte der Backzeit mit einer Bürste Wasser auf das Brot sprengen. Zusammen mit dem aufgestreuten Mehl ergibt das eine schöne Kruste.

Das Brot unbedingt in einer Kastenform backen. Um ein geformtes Brot auf dem Blech zu backen, ist dieser Teig zu flüssig. Man müsste ihm noch etliches an Mehl zufügen, wodurch er spröde und krümelig würde.

Wer gegen Hefe allergisch ist, kann sie auch weglassen. Dann muss das Brot allerdings nicht 30 bis 60 Minuten, sondern über Nacht gehen. Dazu muss die Schüssel mit einem Deckel locker abgedeckt werden, damit der Teig nicht austrocknet. Am andern Morgen noch einmal gut durchkneten und fortfahren wie oben angegeben.

Eingewecktes Brot

Für den Urlaub können Sie sich ganz einfach Brot als Dauerkonserve herstellen: Besorgen Sie sich Halbliter-Sturzgläser. Das sind Weckgläser ohne Absatz. Fetten Sie sie wie eine Kuchenform und füllen Sie sie zur Hälfte mit dem Brotteig Ihrer Wahl. Versehen Sie sie mit einem Gummiring, Deckel und Spange. Auf einer Grillpfanne mit viel Wasser gefüllt backen Sie das Brot nach den Angaben im Rezept und lassen die Gläser im Ofen auskühlen. Am nächsten Tag können Sie die Spangen entfernen und haben eine Dauerkonserve. Die Gummiringe werden wegen der langen Backzeit porös. Besorgen Sie sich deshalb einen Weckglasöffner mit Drahtschlinge.

Frühstücksbrötchen

WASSER
BUTTER
SALZ
HIRSE
EIER

---

250 ml Wasser, 65 g Butter, 1 Prise Salz, 150 g Hirse, 4 Eier, Fett für das Blech

---

Die Hirse fein mahlen. Das Wasser mit der Butter und dem Salz zum Kochen bringen. Das Mehl unter ständigem Rühren mit einem Kochlöffel einlaufen lassen. Es muss ein zäher fester Teig entstehen, der solange auf kleiner Flamme gerührt wird, bis am Topfboden ein dicker, gelblicher Belag entsteht. Nun den Teig vom Feuer nehmen und nacheinander die Eier unterarbeiten. Der Teig muss immer ganz glattgerührt werden, bevor das nächste Ei hineinkommt. Auch wenn es zuerst unwahrscheinlich erscheint, es entsteht ein glatter Teig, der zäh vom Löffel abreißt.

Ein Blech fetten und mit 2 Esslöffeln in gutem Abstand Teighäufchen darauf setzen. Bei 225 °C 40 Minuten backen.

Diese Brötchen haben gegenüber den meisten glutenfreien Gebäcken den Vorteil, nicht so schnell auszutrocknen. Sie schmecken durchaus auch am 2. Tag noch gut. Allerdings sollte man bei der Zusammenstellung eines Tagesmenüs bedenken, dass durch solche Brötchen die Eierration abgedeckt ist.

Indem man den Teig in einen Tortenspritzbeutel füllt und erbsengroße Häufchen auf das Blech spritzt, kann man Partysnacks herstellen. Sie eignen sich auch als Suppeneinlage. Backzeit etwa 20 Minuten.

Seelen

WEIZEN ODER DINKEL
ÖL
WASSER
SALZ
KÜMMEL
!HEFE!

500 g Dinkel oder Weizen, 350 ml lauwarmes Wasser, 100 ml Öl, 1 Päckchen Trockenhefe, Salz und Kümmel zum Bestreuen

Seelen sind große Salzstangen. Sie sind ein altes schwäbisches Gebäck. Ursprünglich wurden sie aus Dinkel gebacken und zu Allerseelen als "Totengabe" auf die Gräber gelegt. Sie bestehen aus einem sehr mageren Hefeteig.

Besonders im Schwäbischen wurde früher anstatt Weizen Dinkel angebaut. Das ist eine Abart des Weizens, der auch auf kargen Böden gedeiht. Er wurde seit der Erfindung des Kunstdüngers weitgehend von dem ertragreicheren Weizen verdrängt. Neuerdings entdecken ihn immer mehr Menschen, die auf gesunde Ernährung und Qualität achten. Er besitzt hochwertiges Klebereiweiß, so dass Dinkelgebäck besonders locker wird. In einzelnen Fällen kann er bei Unverträglichkeit den Weizen ersetzen. Aber: Dinkel ist nicht glutenfrei!

Die Körner fein mahlen, die Hefe in etwas lauwarmem Wasser anrühren und mit dem restlichen Wasser und dem Öl unter das Mehl kneten. Den Teig in eine Schüssel legen und mit einem Handtuch bedecken, 30 Minuten an einem warmen Ort gehen lassen. Noch einmal durcharbeiten, in acht Stücke teilen und Stangen formen. Auf ein Brett setzen, gehen lassen und mit Salz und Kümmel bestreuen. Ein ungefettetes Blech im Ofen auf die Backtemperatur erhitzen, die Stangen darauf setzen und bei 200 °C 30 Minuten backen. Zur Befeuchtung der Luft eine Tasse mit Wasser in den Backofen stellen.

Alternativ kann man die Seelen auch aus Auszugsmehl backen. Am besten eignet sich "doppeltgriffiges" Weizenmehl oder Dunst. Die Zubereitung bleibt die gleiche, die Wassermenge ist reduziert. Man braucht:

500 g Weizenmehl, 250 ml Wasser, 100 ml Öl, 1 Päckchen Hefe, 1 TL Salz

Backen mit Sekowa-Backferment

Es handelt sich dabei um ein Teiglockerungsmittel, das aus Bienenhonig, biologisch angebauten Erbsen und Getreide hergestellt wird. Die normale Mischung enthält Weizen, es gibt jedoch auch eine glutenfreie Version auf der Basis von Mais. Sekowa-Backferment gehört zum Sortiment der Reformhäuser und Naturkostläden. Die glutenfreie Ausführung ist, wie die Betroffenen vielleicht schon argwöhnen, nicht immer an Lager. Sie kann jedoch problemlos besorgt werden, im Anhang findet sich die Firmenadresse für direkte Bestellungen.
Um mit Sekowa zu backen, muss man verstanden haben, warum verschiedene Schritte notwendig sind, die auf den ersten Blick umständlich erscheinen. Man muss sich "eindenken". Dann kann man mühelos auch mit schwer verbackbarem Getreide arbeiten.
Das Spezial-Backferment wird als lagerfähiges Granulat angeboten. Es hält sich ein Jahr lang. Um backen zu können, muss man zuerst aus dem Granulat, Wasser und Mehl einen sogenannten Grundansatz herstellen. Das ist eine Art Sauerteig, der bei 28 - 30 °C reifen muss. Aus Erfahrung weiß ich, dass es in einem normalen Haushalt schwierig ist, diese Temperatur über lange Zeit konstant zu halten. Die Firma Sekowa bietet

dafür eine Backofenlampe an, die im ausgeschalteten Backofen diese Temperatur erzeugt. Ein Rezept liegt dem Backferment bei.
Man kann den Grundansatz auch fertig kaufen. Das rate ich jedem, der das Backferment ausprobieren möchte, bevor er sich an voreilige Experimente wagt, Misserfolge hat und die Lust verliert.
Grundansatz hält sich in einem zu ¾ Deckelglas im Kühlschrank bis zu 4 Monaten und lässt sich bei Zimmertemperatur mühelos verlängern.

Nun ein Wort zur Teiglockerung durch Gärung: Normalerweise verwendet man dazu Hefe. Hefezellen nehmen den im Teig vorhandenen Zucker auf und verwandeln ihn durch ihre Stoffwechselprozesse in Alkohol und Kohlensäure. Hat der Teig eine gute Bindigkeit, dann wird die Kohlensäure durch das zähe Klebergerüst festgehalten und bildet in Form von winzigen Gasbläschen die Poren im Teig. Beim Backen erstarrt das Klebergerüst und man erhält ein lockeres Gebäck.
Den glutenfreien Getreiden fehlt nun gerade der ideale Klebergehalt, der besonders den Weizen auszeichnet. Die verschiedenen Gärorganismen von Sekowa Backferment sind in der Lage, die Inhaltsstoffe auch dieser als schwer verbackbar geltenden Getreide so aufzuschließen, dass ein Teig mit sehr annehmbarer Bindigkeit entsteht. Hier werden natürlich alle Zöliakie-Betroffenen besonders aufhorchen.
Da viele der glutenfreien Getreide im rohen Zustand nicht so viel Flüssigkeit binden können wie z. B. Weizen, ist es sinnvoll, aus einem Teil des Mehles ein sogenanntes Brühstück herzustellen. Es wird sozusagen vorgekocht.
Mit Weizen geht das Backen am einfachsten. Deshalb empfehle ich als Einstieg ein Rezept von Ada Pokorny aus ihrem Buch "Backen von Brot und Gebäck aus allen 7 Getreidearten mit dem Spezial-Backferment". Wer glutenfrei anfangen möchte, sollte das mit dem Mais-Buchweizen-Brot von S. 131 tun. Frau Pokornys Brotrezept lautet wie folgt:

Weizenschrotbrot

WEIZENSCHROT
WASSER
SEKOWA BACKFERMENT
SALZ

Vorteig: 10 - 20 g Grundansatz, d.i. ein bis zwei gehäufte TL., 3 g Spezial-Backferment-Granulat, d.i. ein leicht gehäufter Tl., 300 - 400 g Schrot, 300 - 400 ccm Wasser, handwarm ungefähr 40 Grad C

Hauptteig: 700 g bzw. 600 g Schrot (so dass die Gesamtmenge - für Vorteig und Hauptteig- 1 kg beträgt) 10 - 18 g Meersalz (in etwas Wasser auflösen und über den Schrot schütten) und soviel sehr warmes Wasser bis 60 °C, dass ein geschmeidiger Teig entsteht

---

„Vorteig: In einer entsprechend großen Schüssel (kein Plastik, kein Aluminium) werden in einem kleinen Teil des abgemessenen Wassers der Grundansatz und das Spezial-Backferment-Granulat klümpchenfrei aufgelöst. Dann fügt man das restliche Wasser sowie den Schrot hinzu und vermengt die Masse gründlich. Verwendet man für den Vorteig 300 g Schrot, dann wird das Brot besonders mild.
Bedeckt mit einem Deckel, einer Platte oder Folie verbleibt dieser Vorteig mindestens 12 Stunden bei 23 - 25 °C stehen. Eine Temperatur von 23 °C sollte nicht unterschritten werden.
Von dem ausgereiften Vorteig kann man für das nächste Backen eine kleine Menge abnehmen, um sie anstatt des Grundansatzes beim nächsten Backen zu verwenden. Diese abgenommene Menge Vorteig wird so wie der Grundansatz in einem Schraubglas im Kühlschrank aufbewahrt. Von Zeit zu Zeit sollte jedoch beim Backen immer wieder mit frischem Grundansatz neu begonnen werden.

Hauptteig: zu dem ausgereiften Vorteig werden hinzugefügt: 700 g bzw. 600 g Schrot (so dass die Gesamtmenge - für Vorteig und Hauptteig- 1 kg beträgt) 10 - 18 g Meersalz (in etwas Wasser auflösen und über den Schrot schütten) und soviel sehr warmes Wasser bis 60 °C, dass ein geschmeidiger Teig entsteht.
Die erforderliche Wassermenge richtet sich nach der Art des Getreides bzw. des Mehles. Zur Verarbeitung von 1 kg Schrot werden insgesamt

(d.h. für den Vorteig und für den Hauptteig) ungefähr 750 ccm Wasser benötigt. Der Hauptteig soll ca. 30 °C aufweisen.
Der Hauptteig wird nun gut durchgeknetet, so dass ein homogener Teig entsteht. In fünf bis höchstens zehn Minuten ist dies geschehen. Gut bedeckt, damit er nicht abtrocknet, kann der Hauptteig an einen warmen Ort (nicht über 35 °C) gestellt werden. Nach 40 - 50 Minuten muss sich eine gute Lockerung des Teiges zeigen.
Dieser gut aufgegangene Teig wird in Stücke geteilt, geformt, in gefettete Backkästen oder gut ausgemehlte Gärkörbchen gelegt und verbleibt wiederum 30 bis 40 Minuten bedeckt stehen. Die Oberfläche der Teigstücke darf nicht abtrocknen. Wenn die Teigstücke gut aufgegangen sind, können sie gebacken werden.
Die Backtemperatur soll ungefähr 220 °C betragen. Bei einer Teigeinlage von 1160 g erhält man 1 kg Brot. Dieses ist bei genannter Temperatur innerhalb 1 Stunde gut durchgebacken und gut gebräunt.
Beim Backen eine Tasse Wasser zur Luftbefeuchtung in den Backofen stellen.“

Wer auf Vollkorn reagiert, kann durchaus auch mit Auszugsmehl aus Weizen und/oder Roggen experimentieren. Er wird etwas weniger Wasser brauchen.

Tipp: Die Sache mit der Wassertemperatur hört sich komplizierter an als sie ist. Schaffen Sie sich ein Küchenthermometer für Flüssigkeiten an. Das gibt es preisgünstig in guten Haushaltswarengeschäften. Spätestens nach dem dritten Brotbacken haben Sie die Temperatur "im Gefühl". Falls die Raumtemperatur etwa über Nacht unter 23 °C abfällt, schlagen Sie die Teigschüssel in eine Wolldecke ein. Dieses Problem tritt am ehesten im Sommer auf, wenn die Heizung abgeschaltet und das Wetter mal bedeckt ist.

Verlängerung des Grundansatzes

Wer den Grundansatz einmal angeschafft hat, kann ihn immer wieder bei Zimmertemperatur verlängern. Ich gebe dazu das Spezialrezept aus Ada Pokornys oben genanntem Buch an. Wenn man nach einigen Vermehrungen beobachtet, dass die Gärkraft nachlässt oder der Geruch sich ändert, sollte man sich neuen Grundansatz beschaffen.

"100 g Grundansatz und 30 g Spezial-Backferment-Granulat werden mit 350 - 400 ccm Wasser von 40 Grad C klümpchenfrei aufgelöst. Sodann wird ein Gemisch von 300 g Weizenschrot und 300 g Weizenmehl untergemengt, so dass ein homogener Teig erhalten wird. Diesen lässt man, in einer nicht zu großen Schüssel, gut bedeckt, bei Zimmertemperatur (nicht unter 20 Grad C) über Nacht stehen. Die Oberfläche des Teiges darf nicht abtrocknen!
Nach ungefähr 12 Stunden ist dieser vermehrte Grundansatz so gut durchgegoren, dass man ihn in Schraubgläser (3/4 gefüllt) geben und in den Kühlschrank stellen kann. Dieser vermehrte Grundansatz wird in gleicher Weise wie der frischbereitete Grundansatz verwendet. Geht dieser vermehrte Grundansatz wieder zur Neige, verfährt man in der gleichen oben angeführten Weise und verwendet dazu den bereits einmal vermehrten Grundansatz. Durch die Zugabe des Spezial-Backferment-Granulates wird immer eine Auffrischung erzielt."

Wenn der gut aufgegangene Grundansatz nach einigen Tagen wieder zusammenfällt, schadet das nicht. Auch eine graue Schicht, die sich mit der Zeit an der Oberfläche bilden kann, beeinträchtigt die Wirksamkeit nicht.
Wenn der Ansatz schon mehrere Monate alt ist, sollte man etwas mehr nehmen, bis zur doppelten angegebenen Menge.
Natürlich kann man auch den glutenfreien Grundansatz verlängern. Am besten eignet sich dazu Maismehl. Hier muss man etwas sparsamer mit dem Wasser umgehen, da Mais nicht so viel Flüssigkeit binden kann. Der Teig sollte relativ fest sein, dann hält er sich am besten. Auch glutenfreier Grundansatz ist etwa 4 Monate haltbar.

Ich habe in meinen Rezepten oft das Backferment mit Hefe kombiniert, weil die Teigführung dann weniger aufwändig ist. In diesem Fall müssen Sie peinlich darauf achten, dass Ihr Vorrat an Grundansatz nicht mit Hefe verunreinigt wird, denn die Hefe überwuchert innerhalb einiger Tage die Gärorganismen. Sie haben dann zwar noch einen Grundansatz, der besteht aber hauptsächlich aus normalen Hefeorganismen. Man merkt das am Geruch.

Ausgestattet mit diesem Grundwissen, kann man sich getrost auch an weitere Sekowa-Rezepte wagen oder sich eigene ausdenken.

Markus Werners glutenfreies Vollkornbrot

HIRSE
BUCHWEIZEN
MAIS
LEINSAAT
SEKOWA BACKFERMENT GLUTENFREI
(!WEINSTEIN-BACKPULVER!)
SALZ, WASSER
FETT FÜR DIE FORM

---

1 000 g Hirse, 1 000 g Buchweizen, und 1 000 g Mais, gemischt. Das Getreide jeweils kurz vor der Verwendung mahlen.

700 ml Wasser für den Vorteig,100 – 150 g Grundansatz glutenfrei, 700 – 800 ml Wasser für den Hauptteig

Für das Brühstück: 350 g Hirse 350 g geschrotete Leinsaat, 2 l Wasser (Achtung: Leinsaat verklebt Steinmühlen, eventuell geschrotet kaufen), 70 g Salz, Fett für die Form

---

Dieses "glutenfrei-Rezept" stammt von unserem Steinheimer Vollkornbäcker Markus Werner. Herr Werner backt sechs Kilo-Brote auf einmal; probieren Sie aus, ob sie lieber die Menge reduzieren oder die überzähligen Brote einfrieren.

Für den Vorteig: von der Getreidemischung 1 000 g wegnehmen, mahlen und zusammen mit 100 - 150 g Grundansatz und 700 ml Wasser (30 bis 35 °C) über Nacht einen Vorteig ansetzen. In einer abgedeckten Schüssel gehen lassen.

Am nächsten Tag geht es weiter wie folgt:
Für das Brühstück: 1 000 g der Getreidemischung mahlen, mit 350 g gemahlener Hirse und 350 g geschroteter Leinsaat und 2 l Wasser zu einem Brühstück verarbeiten. Dazu das Wasser zum Kochen bringen und das Getreide einrühren. Ausquellen und abkühlen lassen.

Für den Hauptteig: Das restliche Kilo der Getreidemischung mahlen. Nun den Vorteig, das Brühstück, die restliche Mehlmischung und ca. 700 bis 800 ml Wasser (30 - 35 °C) gut untereinander kneten und 70 g Salz dazugeben. Es kann nötig sein, die Flüssigkeitsmenge etwas zu variieren, der Teig muss schwer vom Löffel fallen. 30 - 60 Minuten in einer abgedeckten Schüssel an warmem Ort gehen lassen und noch einmal durcharbeiten. Für ein besonders lockeres Brot zwei Päckchen Weinsteinbackpulver zufügen.
Den Teig in Stücke zu etwa 1 kg teilen und in gefettete Kastenformen füllen.
Die Backzeit beträgt eine Stunde. Beim Einschieben sollte die Temperatur 250 °C betragen, nach etwa 10 Minuten auf 200 °C drosseln. Zur Luftbefeuchtung eine Tasse Wasser in den Backofen stellen.

Quinoa-Buchweizen-Brot

BUCHWEIZEN
QUINOA
WASSER
SALZ
!TROCKENHEFE!
SEKOWA BACKFERMENT GLUTENFREI
FETT

250 g Buchweizen, 300g Quinoa, 450 ml Wasser, 2 TL Salz, 1 Päckchen Trockenhefe, 1 EL Sekowa-Grundansatz glutenfrei, Fett für die Form

Das Getreide mahlen, alle Zutaten zusammen in eine Schüssel geben, gut durchkneten, mit einem Tuch bedecken und etwa ½ Stunde gehen lassen. Eine Kastenform fetten, den Teig einfüllen und 10 Minuten bei 250 °C backen. Einen Schnitt hineinmachen und 55 Minuten bei 200 °C fertigbacken.
Quinoa und Buchweizen ist eine besonders günstige Mischung, das Brot wird vergleichsweise mild und locker. Da Quinoa sehr eiweißreich ist, bietet es eine gute Möglichkeit, gehaltvolles Brot zu backen und Mangelerscheinungen vorzubeuge.

Quinoa-Buchweizen-Brötchen

Buchweizen
Quinoa
Wasser
Salz
Olivenöl
!Trockenhefe!
Sekowa Backferment glutenfrei
Fett

Teig für das Quinoa-Buchweizen-Brot mit einer halben Tasse Olivenöl zusätzlich, Fett für das Blech

---

Wenn Sie Brötchen backen wollen, geben Sie Olivenöl zu dem Teig, aus dem Sie sonst Brot backen können. Fetten Sie ein Kuchenblech und setzen Sie runde Brötchen darauf. Bei 250 °C 30 Minuten backen.

Mais-Buchweizen-Brot

Mais (Polenta)
Buchweizen
Wasser
Salz
Sekowa Backfrment glutenfrei
Fett

---

für den Vorteig: 200 g Buchweizen, 250 ml Wasser, etwa 50 °C, 1 TL Sekowa Grundansatz glutenfrei

für das Brühstück: 300 g Polenta, 500 ml Wasser, 2 TL Salz,

Fett für die Form

Alle Zutaten für den Vorteig klümpchenfrei miteinander vermengen und über Nacht in einer abgedeckten Schüssel gären lassen. Es müssen sich Gärbläschen zeigen.

Das Wasser zum Kochen bringen, salzen und die Polenta für das Brühstück einrühren. Zu einem steifen Brei verkochen und abkühlen lassen. Wenn das Brühstück handwarm abgekühlt ist, durch Kneten unter den Vorteig mischen. Der Teig muss geschmeidig sein, darf aber nicht fließen. Wenn er nicht die richtige Konsistenz hat, Wasser oder Mehl zufügen. Eine Stunde gehen lassen, in eine gefettete Kastenform füllen und bei 250 °C 10 Minuten backen. Einen Längsschnitt in die gerade sich verfestigende Kruste machen und 55 Minuten bei 200 °C weiterbacken.
Zur Luftbefeuchtung eine Tasse mit Wasser in den Backofen stellen.

Maisbrot für Eilige

MAIS
LEINSAMEN
SEKOWA BACKFERMENT GLUTENFREI
!TROCKENHEFE!
SALZ
WASSER
FETT

500 g Polenta, 100 g Leinsamen, 1 EL Sekowa Grundansatz glutenfrei, 1 Päckchen Trockenhefe, 950 ml Wasser, 2 TL Salz, Fett für die Form

Dieses Brot ist geeignet für "eilige" Bäcker. Durch den Zusatz von Hefe geht der Teig schneller und man muss auch keinen Vorteig über Nacht anstellen. Die Vorteile des Sekowa-Fermentes nutzt man trotzdem aus. Da Leinsamen extrem viel Wasser bindet, gleicht er das Defizit des Mais aus, so dass man auch kein Brühstück braucht
Den Leinsamen schroten (Achtung, verklebt Steinmühlen, geschroteten kaufen). Mit allen anderen Zutaten gut verkneten. Das Wasser sollte etwa 40 - 50 °C aufweisen. In einer abgedeckten Schüssel am warmen Ort etwa eine Stunde gehen lassen. In eine gefettete Kastenform füllen, noch eine halbe Stunde gehen lassen. Bei 250 °C 10 Minuten backen. Einen Längsschnitt in die Kruste machen und 55 Minuten bei 200 °C fertigbacken. Zur Luftbefeuchtung eine Tasse Wasser in den Backofen stellen.

Kastanienbrot

Mais (Polenta)
Kastanienmehl
Leinsamen
Sekowa Backferment glutenfrei
Wasser
Salz
Fett

---

für den Vorteig: 250 g Polenta, 50 g Leinsamen, 1 TL Sekowa Grundansatz glutenfrei, 1/2 TL Sekowa Backferment glutenfrei, 475 ml Wasser, ca. 60 °C

für den Hauptteig: 250 g Kastanienmehl (zu beziehen durch Hammermühle, Adresse im Anhang S. 168) 100 ml Wasser, 1 TL Salz, Fett für die Form

---

Den Leinsamen schroten (Achtung, verklebt Steinmühlen), alle Zutaten für den Vorteig gut miteinander verkneten, über Nacht in einer abgedeckten Schüssel an warmem Ort gehen lassen.
Kastanienmehl, Wasser und Salz unter den Vorteig kneten und mindesten eine Stunde gehen lassen. Nochmals durcharbeiten, in eine gefettete Form geben und eine halbe Stunde ruhen lassen. Bei 250 °C 10 Minuten backen. Einen Längsschnitt in die Kruste machen, die Temperatur auf 200 °C reduzieren und 55 Minuten fertigbacken. Zur Luftbefeuchtung eine Tasse Wasser in den Backofen stellen.

Dieses Brot ist weich und saftig, die Kastanien geben ihm einen würzigen Geschmack.

Helles Mischbrot schnell

Kartoffelstärke
Mais (Polenta)
Kastanienmehl
Buchweizen
Sekowa-Backferment glutenfrei
!Hefe!
Salz
Öl
Wasser
Fett für die Form

Für das Brühstück: 250 ml Wasser, 100 g Polenta, 50 g Kastanienmehl, 75 g Kartoffelstärke

Für den Hauptteig: 275 ml Wasser, 125 g Kartoffelstärke, 100g Polenta, 50 g Kastanienmehl, 100 g Maismehl, 100 g Buchweizenmehl, 2 EL Öl, Salz, 1 El Sekowa Grundansatz glutenfrei Ein Päckchen Trockenhefe, Fett für die Form

---

Das Wasser kochen, die verschiedenen Mehle für das Brühstück einrühren und zu einem Brei quellen lassen. Handwarm abkühlen lassen.

Die restlichen Zutaten zu dem lauwarmen Brühstück geben, gut durchkneten und 1/2 Stunde in einer zugedeckten Schüssel gehen lassen. In eine gefettete Kastenform füllen und bei 250 °C 10 Minuten backen. In die Kruste einen Längsschnitt machen und 55 Minuten bei 200 °C fertigbacken.

Mein Liebling unter den glutenfreien!

Hamburger-Buns

QUINOA
MAIS
!HEFE !
ÖL
!AHORNSIRUP !
JOHANNISBROTKERNMEHL
SEKOWA BACKFERMENT GLUTENFREI
FETT

250 g Quinoa, 250 g Maismehl, 4 Teelöffel Johannisbrotkernmehl, 1 Päckchen Trockenhefe, 2 EL Öl, 2 EL Ahornsirup, 1 EL Sekowa-Grundansatz glutenfrei, 750 ml Wasser, Fett für das Blech

Quinoa fein mahlen, gut mit Maismehl und Johannesbrotkernmehl mischen und alle anderen Zutaten unterkneten. Ein Blech fetten, aus dem Teig 8 flache Brötchen formen und darauf setzen. Bei 200 °C 30 Min backen.

Als Belag kombinieren Sie Frikadellen (S. 81) mit Ketchup, Mayonnaise, fein geschnittenen Zwiebeln und Salatblättern. Saucen finden Sie auf S. 90ff.

Natürlich schmecken die Buns auch als Brötchen zum Frühstück. Umgekehrt sollten Sie ausprobieren, ob Ihnen vielleicht ein anderes Brötchenrezept besser gefällt, um Buns zu backen.

Pizza & Co.

Sehen Sie sich die Rezepte genau an. Wenn Sie einen passenden Teig gefunden haben, können Sie den auch mit anderen Belägen kombinieren und so vielleicht in den Genuss eines Rezeptes kommen, das ursprünglich gar nicht zu Ihrer „Diät“ gepasst hat.

Tipp: Die Brotteige eignen sich auch hervorragend für Pizza oder Zwiebelkuchen. Planen Sie doch einfach am Brotbacktag ein solches Gericht ein und zweigen Sie etwas von dem Brotteig für die Pizza ab.

Zwiebelkuchen

WEIZEN
WASSER
!HEFE!
ÖL
SALZ
SPECK
ZWIEBELN
FETT FÜR DAS BLECH

für den Teig: 400 g Weizen, 200 ml Wasser, 4 EL Öl, 1 Päckchen Trockenhefe, 1 Prise Salz, Fett für das Blech
für den Belag: 500 g Speck, 1 kg Zwiebeln

Den Weizen fein mahlen, mit allen Zutaten für den Teig gut verkneten, in einer Schüssel mit einem Tuch abdecken und an einem warmen, zugfreien Ort eine Stunde lang gehen lassen. Ein Backblech fetten und den Teig dünn darauf ausrollen.
Speck und Zwiebeln in kleine Würfel schneiden. In einer Pfanne den Speck auslassen. Wenn er anfängt, knusprig zu werden, die Zwiebeln dazugeben und leicht bräunen. Überschüssiges Fett abgießen (man kann es als Brotaufstrich verwenden). Den Belag auf den Teig verteilen und bei 200 °C 20 Minuten backen. Heiß servieren.

Quiche

Hirse
Wasser
Buchweizen
!Backpulver!
Butter
Salz
Speck
Zwiebeln
Käse
Eier

---

für den Teig:
200 g Hirse, 200 ml Wasser, 100 g Buchweizen, 1 Päckchen Backpulver, 120 g Butter, 1/2 TL Salz
für den Belag: 200 g Speck, 200 g Zwiebeln, 500 g Käse, etwa Gouda oder Emmentaler, 4 Eier

---

Die Menge füllt eine große Springform oder ein Kuchenblech.
Die Hirse und den Buchweizen getrennt fein mahlen. Wasser zum Kochen bringen, die Hirse einrühren und abkühlen lassen. Buchweizen mit Salz und Backpulver mischen, mit der abgekühlten Hirse und der Butter (vorher in Flöckchen teilen) zu einem festen Teig verarbeiten. Am besten geht das zuerst mit einer Gabel, dann mit den Händen. Den Teig etwa eine halbe Stunde im Kühlschrank ruhen lassen.

Speck, Zwiebeln und Käse in kleine Würfel schneiden. Speck und Zwiebeln in eine Pfanne übereinander schichten und braten, bis der Speck knusprig ist und die Zwiebeln goldgelb sind. Abkühlen lassen und mit den Käsewürfeln und den Eiern mischen. Der Teig enthält so viel Fett, dass man auf das Einfetten des Bleches verzichten kann. Einfach in der Form oder auf dem Blech flachdrücken. Einen etwas hochstehenden Rand formen. Den Teig mit der Käsemasse belegen und bei 180 °C 30 Minuten backen.
Wenn Sie es sich erlauben können: Der Genuss dieser Quiche wird erheblich gesteigert durch einen trockenen Rotwein.

Paprikapizza

Hirse
Wasser
Buchweizen
!Backpulver!
Butter
Salz
Paprika
Apfel
Zwiebeln
Gouda

Teig wie im vorigen Rezept "Quiche"
für den Belag: 4 rote Paprikaschoten, 1 Apfel, 2 kleine Zwiebeln, ca. 150 g, 1 Tasse Wasser, 1/2 TL Salz, 300 g Gouda

Den Teig nach obigem Rezept zubereiten, auf einem Backblech ausrollen und bei 180 °C 25 Min vorbacken.

Für den Belag das Gemüse und den Apfel waschen, putzen und kleinschneiden, den Käse reiben. Das Gemüse 20 Minuten bei kleiner Hitze in Wasser dämpfen. Auf einem Sieb abtropfen, salzen, auf den vorgebackenen Teig geben, mit Käse bestreuen und 15 Minuten überbacken.

Klassische Tomatenpizza

HIRSE
WASSER
BUCHWEIZEN
BACKPULVER!
BUTTER
SALZ
TOMATEN
MOZARELLA
PFEFFER

Teig nach dem vorhergehenden Rezept "Quiche", S. 137
für den Belag: 700 g Tomaten, 400 g Mozarella, Salz, Pfeffer

Den Teig nach obigem Rezept zubereiten und bei 180 °C 25 Minuten vorbacken. Die Tomaten überbrühen, schälen und die grünen Teile entfernen. Kleinschneiden und bei kleiner Flamme 15 Minuten dünsten. Da sie genug Flüssigkeit enthalten, brauchen sie weder Fett noch Wasser. Salzen und pfeffern nach Geschmack. Den Mozarella-Käse in Scheiben schneiden. Auf den vorgebackenen Teig zuerst die Tomaten geben und mit den Mozarella-Scheiben belegen. 15 Minuten fertig backen.

Varianten: Nach Belieben kann man die Pizza mit Kräutern wie Oregano, Basilikum, Thymian oder Majoran bestreuen.

Rosenkohltorte

HIRSE
WASSER
BUCHWEIZEN
!BACKPULVER!
BUTTER
SALZ
ROSENKOHL
EMMENTALER
SÜSSE SAHNE
MUSKAT

Teig wie Rezept "Quiche", S. 137
für den Belag: 750 g Rosenkohl, 250 g Emmentaler Käse, 80 ml süße Sahne, 1 Prise Muskat

---

Den Teig nach obigem Rezept zubereiten und bei 180 °C 25 Minuten vorbacken. Den Rosenkohl waschen und putzen. Mit fingerbreit Wasser im Topf stark ankochen, bis sich eine Dampffahne am Deckelrand zeigt, zurückschalten und bei schwacher Hitze 30 Minuten garen. Den Käse reiben, mit der Sahne vermischen und mit Muskat würzen.

Auf den vorgebackenen Teig den Rosenkohl geben und mit der Käsemasse bedecken. 15 Minuten bei 180 °C überbacken.

Pizza Calzone

Weizenmehl
Wasser
Öl
!Hefe!
Hackfleisch
Tomate
Zwiebel
Pfeffer
Salz
Basilikum
Fett zum Anbraten und für das Blech

Für den Teig: 400 g Weizenauszugsmehl Type 405, 200 ml Wasser, 8 EL Öl, 1 Päckchen Trockenhefe, 1 Prise Salz, Fett für das Blech

Für die Füllung: 500 g Hackfleisch, 700 g Tomaten, 120 g Zwiebeln, Pfeffer, Salz, gehacktes oder getrocknetes Basilikum, Fett zum Anbraten

Alle Zutaten für den Teig gut verkneten. Zu einem Kloß formen und in einer mit einem Tuch bedeckten Schüssel etwa eine halbe Stunde an einen warmen, zugfreien Ort stellen.

In der Zwischenzeit die Tomaten mit kochendem Wasser überbrühen, schälen, alle grünen Teile entfernen und kleinschneiden. Die Zwiebeln schälen und in Ringe schneiden. Das Basilikum hacken. In einer großen Pfanne Fett erhitzen. Die Zwiebeln leicht anbräunen und das Hackfleisch dazugeben. Kräftig rühren, bis das Hackfleisch schöne Krüstchen bekommt. Die Tomaten dazugeben und bei geschlossenem Deckel etwa 10 Minuten auf kleiner Hitze schmoren. Salzen und pfeffern und Basilikum dazugeben.

Zwei Kuchenbleche fetten und den Teig in vier gleich große Teile teilen. Jedes Teil auf einem bemehlten Brett zu einem dünnen runden Fladen ausrollen, auf ein Blech legen, auf der einen Seite Fleischfüllung darauf geben und die andere Seite darüber klappen. An den Rändern zusammendrücken. Bei 200 °C 20 Minuten backen.

Amaranth-Puffer

AMARANTH
WASSER
OLIVENÖL
EI
SALZ
FETT ZUM BRATEN

250 g Amaranth, 250 ml kochendes Wasser, 4 El Olivenöl, 1 Ei, 1 Prise Salz, Bratfett

Den Amaranth fein mahlen. Mit dem kochenden Wasser übergießen und verrühren. Alle anderen Zutaten untermischen. In einer Pfanne Butter erhitzen, mit einem Löffel kleine Pfannkuchen in die Pfanne setzen, warten, bis sie von einer Seite gestockt sind, umwenden und von der anderen Seite braten.

Sie brauchen etwas länger als man das von normalen Pfannkuchen gewöhnt ist. Deshalb müssen sie bei möglichst milder Temperatur gebraten werden, sonst sind sie innen roh und außen verbrannt. Wenn möglich Butter als Bratfett verwenden (es geht aber auch mit Margarine). Das Olivenöl macht besonders knusprig, ist aber durch ein anderes Öl Ihrer Wahl ersetzbar.

Amaranth-Puffer können als Beilage zu Gemüse und Fleisch oder auch zu Kompott gereicht werden.

Variante: Wenn das Auge mitessen soll: Garen sie eine Portion Gemüse Ihrer Wahl und geben es zusammen mit einer hellen Sauce (finden Sie auf S. 90ff) in eine Auflaufform. Backen sie Amaranth-Puffer, schneiden sie in Streifen und legen sie ein Gitter über das Gemüse. Damit die Puffer-Streifen schön knusprig sind, kurz vor dem Servieren noch ein Mal bei höchster Stufe kurz in den Backofen schieben. Wer Hartkäse verträgt, kann eine Handvoll davon gerieben zum Überbacken darüberstreuen.

Polentaschnitten mit Tomaten

MAIS (POLENTA)
WASSER
SALZ
TOMATEN
CHAMPIGNONS
PFEFFER
FETT

400 g Polenta, 800 g Wasser, 1 TL Salz, Fett zum Braten

1 kg Tomaten, 500 g Champignons, 1 Prise Salz und Pfeffer

Wasser zum Kochen bringen, Polenta einrühren und salzen. Den Brei einmal aufkochen, so dass er ganz steif wird, in eine Kastenform drücken und erkalten lassen. Am besten lässt man ihn über Nacht stehen. Es entsteht so ein schneidbarer Block.

Die Tomaten überbrühen, schälen und die grünen Teile entfernen. Die Champignons waschen und kleinschneiden. Zusammen in einen Topf geben, stark ankochen und 15 Minuten bei kleiner Hitze schmoren lassen. Salzen und pfeffern.

Die erkaltete Polenta auf ein Brett stürzen und fingerdicke Scheiben davon abschneiden. In einer Pfanne Fett erhitzen und die Scheiben darin von beiden Seiten knusprig braten.

Varianten: Die Polenta kann man wahlweise mit Muskat oder Kräutern wie Thymian, Majoran oder Oregano würzen. Die Kräuter passen auch zum Tomatengemüse. Besonders gut schmeckt es mit gehacktem, frischem Basilikum. Getrocknete Kräuter mitkochen, frische am Ende der Garzeit darüber streuen.

Von Kaffeekränzchen bis Kindergeburtstag

Muffins

Quinoa
Reismehl
!Weinsteinbackpulver!
Vollrohrzucker
Buttermilch
Ei
Obst nah Wahl
Fett

---

150 g Quinoa, 150 g Reismehl (von der Hammermühle, Bestelladresse im Anhang), 1 Päckchen Weinsteinbackpulver, 150 g Vollrohrzucker, 250 ml Buttermilch, 100 g Butter, 1 Ei, 100 g Obst Ihrer Wahl, Fett für das Blech

---

Ofen vorheizen auf 175 °C. Quinoa fein mahlen, das Obst je nach Sorte entkernen und/oder schälen und kleinschneiden. Das Mehl mit dem Backpulver mischen und dann alle Zutaten miteinander verrühren. Ein Muffinblech einfetten (wenn möglich mit Butter) und den Teig in den Vertiefungen verteilen. 20 Minuten backen, vorsichtig aus den Formen lösen und abkühlen lassen.

Hirsewaffeln 1

Hirse
Milch
Wasser
Honig
Eier
Butter

500 g Hirse, 400 ml Milch, 4 Eier, 8 EL Honig, 4 EL heißes Wasser, 100 g Butter, Fett für das Eisen
Ergibt 12 kleine runde Waffeln.

Die Hirse fein mahlen, mit der Milch verrühren und 30 Minuten quellen lassen. Die Eier teilen. Das Eiweiß zu Schnee schlagen. Honig und heißes Wasser verrühren, mit den Eidottern zu Schaum schlagen und die Butter dazurühren. Zuerst die Buttermasse unter den Teig mischen, dann den Eischnee daraufgeben und langsam und vorsichtig mit einem Schneebesen unterheben. Ein Waffeleisen vorheizen, leicht mit Butter fetten und den Teig löffelweise hineingeben. Ca. 5 Minuten backen. Die Waffeln werden durch die Hirse wunderbar knusprig. Am besten schmecken sie frisch gebacken.

Als Beilage eignet sich frisches Obst der Saison mit Sahne.

Tipp: Am besten eignet sich Butter zum Einfetten von Kuchenformen und Waffeleisen. Bei Zimmertemperatur gelagert kann man das weiche Fett gut mit einem Backpinsel in die Riffeln des Eisens streichen. Wer keine Butter verträgt, nehme Margarine.

Wer unbedingt Öl nehmen muss: Es ist nicht ganz einfach, das flüssige Öl in der oberen Hälfte des aufgeklappten Waffeleisens zu platzieren. Deshalb: Zuerst die untere Hälfte einpinseln, den Teig einfüllen, die obere Hälfte pinseln und ganz schnell zuklappen, bevor alles Öl heruntergelaufen ist.

Hirsewaffeln 2

HIRSE
SOJAMILCH
!AHORNSIRUP!
!WEINSTEINBACKPULVER!
MINERALWASSER MIT KOHLENSÄURE
SALZ
FETT FÜR DAS EISEN

---

500 g Hirse, 1 TL Weinsteinbackpulver, 300 ml Sojamilch, 6 EL Ahornsirup, 1 Prise Salz, 100 ml Mineralwasser mit Kohlensäure, Fett für das Waffeleisen

---

Die Hirse fein mahlen, mit dem Backpulver vermischen und mit allen Zutaten außer dem Mineralwasser zu einem flüssigen Teig verrühren. Mindestens eine halbe Stunde quellen lassen. Das Eisen vorheizen und direkt vor dem Backen zum Auflockern das Mineralwasser in den Teig rühren. Das Eisen einfetten und die Waffeln knusprig backen.

Dazu schmeckt Obst oder ein Dessert aus dem entsprechenden Kapitel S. 105 ff.

Nußwaffeln

NÜSSE
HIRSE
BUTTER
EIER
MILCH
!AHORNSIRUP!
MINERALWASSER MIT KOHLENSÄURE

---

200 g Nüsse (ohne Schalen gewogen), 300 g Hirse, 100 g Butter, 2 Eier, 300 ml Milch, 8 EL Ahornsirup, 150 ml Mineralwasser mit Kohlensäure, Fett für das Eisen

---

Die Nüsse fein raspeln und die Hirse mahlen. Mit einer Gabel mit der Butter und den Eiern vermengen. Die Milch und den Ahornsirup darunter rühren und mindestens 15 Minuten quellen lassen. Das Waffeleisen vorheizen und mit einem Backpinsel einfetten. Direkt vor dem Backen das Mineralwasser in den Teig rühren. Das Eisen füllen und die Waffeln goldgelb backen.

Die Auswahl der Nüsse richtet sich natürlich danach, welche Sorte Sie am besten vertragen. Sonst sind der Phantasie keine Grenzen gesetzt.

Biskuit

BRAUNER ZUCKER
EIER
HIRSE
SAHNE
ERDBEEREN
FETT FÜR DIE FORM

---

125 g brauner Zucker, 5 Eidotter, 5 Eiweiß, 175 g Hirse,
Fett für die Form, 2 kleine Becher Schlagsahne, 350 g Erdbeeren.
Ergibt einen hohen Tortenboden für eine gefüllte Sahnetorte.

Den Backofen vorheizen. Die Eier teilen. Den Zucker und die Eidotter zusammen schaumig rühren. Die Eiweiße zu Schnee schlagen. Die Hirse fein mahlen, in ein Sieb schütten und über der Zuckermasse verteilen. Darauf den Eischnee geben und langsam und vorsichtig mit dem Schneebesen unterheben. In einer gefetteten Springform gleichmäßig verteilen und bei 175 °C 25 Minuten backen. Wenn nach ca. 10 Minuten die erste Bräunung eingetreten ist, die Form abdecken (etwa mit einem Pizzablech). Ob der Boden gar ist, kann man durch Einstechen mit einem Zahnstocher feststellen. Ungarer Teig aus der Mitte bleibt daran hängen.

Den garen Boden aus der Form nehmen und abkühlen lassen. In der Mitte durchschneiden, das Unterteil mit Sahne bestreichen und mit Erdbeeren belegen und das Oberteil daraufklappen. Etwas Sahne und Erdbeeren zum Garnieren zurückbehalten.

Tipp: Wenn man die Torte rundum mit Sahne bestreichen will, braucht man 3 große Becher. Verwenden sie zum Bestreichen ein grobes Sägemesser. Das gibt ein schönes Muster.

Es ist durchaus Absicht, dass das Rezept kein Backpulver enthält. Es geht auch ohne!

Natürlich können Sie aus dem Hirseteig auch eine Rolle backen. Lesen Sie dazu das nächste Rezept.

Biskuitrolle

SOJAMILCH
TOFU
ÖL
WEIZENVOLLKORNMEHL
BRAUNER ZUCKER
!BACKPULVER!
SCHLAGSAHNE
FRÜCHTE NACH WAHL

120 g Tofu, 300 ml Sojamilch, 8 EL Öl, 100 g brauner Zucker, 175 g Weizenvollkornmehl, 2 TL Backpulver, Pergamentpapier für das Blech, 2 Becher Schlagsahne und etwa 300 g Früchte der Saison

Es mag Sie erstaunen, aber dieser Kuchen gelingt mit Vollkornmehl besser als mit weißem Mehl. Das liegt daran, dass Vollkornmehl nicht klumpt. Dadurch, dass es grober ist, bildet es kleine Poren, die das Biskuit locker machen.

Zum Gelingen dieses Kuchens trägt es wesentlich bei, wenn man den Ablauf der Arbeitsschritte streng einhält. Es ist wichtig, alle nötigen Zutaten und Geräte vorher bereitzustellen.

Zur Vorbereitung: Weizen mahlen, alle anderen Zutaten abwiegen oder abmessen. Das Mehl mit dem Backpulver und dem Zucker mischen. Ein Backblech mit Pergamentpapier auslegen, an den Ecken falten, so dass es sich dem Blech angleicht. Einen Hand-Schneebesen bereitlegen. Ofen auf 175 °C vorheizen.

Den Tofu mit dem Mixstab zerkleinern oder mit einer Gabel fein zerdrücken. Mit der Sojamilch zusammen in eine Schüssel geben und mit den Schneebesen des Handmixers auf schnellster Stufe rühren. Es entsteht sehr schnell ein riesiger Schaumberg, der sich aber ebenso schnell auflöst. Durch tropfenweises Zugeben des Öles unter ständigem Rühren wird der Schaum beständiger. Und nun kommt die kritische Phase: Den Schaum auf die Zucker-Mehlmischung geben und mit dem Hand-Schneebesen unterheben. Man muss zügig, aber sehr vorsichtig arbeiten, damit der Sojaschaum nicht in sich zusammenfällt. Deshalb niemals mit dem Schneebesen auf den Schüsselrand schlagen. Den flüssigen Teig sofort auf dem vorbereiteten Blech verteilen. In den vorgeheizten Ofen schieben und bei 200 °C 10 - 15 Minuten backen. Dieses Biskuit wird nicht so braun, wie Sie es von einem normalen vielleicht gewöhnt sind. Prüfen Sie durch einen Stich mit dem Zahnstocher, ob er gar ist. Ungarer Teig bleibt hängen. Wenn der Kuchen gar ist, zeigt sich am Zahnstocher keine Spur. Das fertige Biskuit mit dem Papier vom Blech heben und mit der „Papierseite" nach oben auf ein sauberes Küchentuch legen. Das Papier mit Wasser einpinseln, bis es aufweicht und sich leicht abziehen lässt. Nun den Kuchen mit dem Tuch zusammen einrollen und auskühlen lassen. Wenn er kalt geworden ist, die Rolle wieder aufrollen und mit Schlagsahne und Früchten der Saison füllen. Der Biskuitboden lässt sich nur einrollen, solange er frisch aus dem Ofen kommt und warm ist. Wenn er aber erst einmal in Form ist, kann man ihn mit dem Belag rollen.

Hinweis: Wenn Sie ein stark parfümiertes Waschmittel verwenden, kann es sein, dass der Kuchen nach dem frisch gewaschenen Handtuch schmeckt. Ein Grund mehr, sich für ein Produkt ohne Duftstoffe zu entscheiden.

Natürlich kann man auch aus dem Hirseteig eine Rolle und aus dem Sojateig eine Torte herstellen. Für einen flachen Obsttortenboden in der entsprechenden Form braucht man nur die Hälfte des Teiges.

Kirschenmichel

Mais (Polenta)
Milch
Eier
Butter
Honig
Kirschen

200 g Polenta, 250 ml Milch, 4 Eier, 80 g Butter, 3 EL Honig, 500 g Kirschen, Fett für die Form

Die Milch aufkochen und die Polenta einrühren. Auf der ausgeschalteten Kochplatte ausquellen und langsam erkalten lassen. Die Kirschen entkernen. Die Eier teilen. Eidotter, Butter, Honig und Kirschen zu dem Maisbrei mischen. Eine Auflaufform fetten und den Backofen auf 200 °C anheizen. Das Eiweiß schlagen und den Eischnee langsam und vorsichtig mit dem Schneebesen unterheben. Nie mit dem Schneebesen auf den Schüsselrand schlagen. Dadurch fällt der Eischnee zusammen. Den Teig in die vorbereitete Form geben und bei 200 °C 40 Minuten backen.

Eistüten 1

Soja
brauner Zucker
!Margarine!
Buchweizen
Fett

60 ml Sojamilch, 60 g brauner Zucker, 60 g Margarine, 80 g Buchweizen, Fett für das Eisen

Sicher haben Sie sich schon mal darüber geärgert, dass es keine glutenfreien Eistüten gibt, und Eier und Milch enthalten die meisten auch. Hier ein Rezept, wie Sie sich die Tüten selber backen können. Leider muss man sich dazu unbedingt ein spezielles Hörnchenwaffeleisen anschaffen, in einem normalen Eisen gelingen die Waffeltüten nicht. Aber besonders wenn Sie Kinder haben, sollten Sie sich überlegen, ob sich eine solche Investition nicht lohnt.

Die Sojamilch erwärmen und Zucker und Margarine darin auflösen. Das Mehl mit dem Handmixer in die warme Flüssigkeit einrühren. Ein Hörncheneisen anheizen, gut einfetten und den Teig darin zu Waffeln backen. Je nach Größe des Eisens reichen ein bis zwei Esslöffel Teig pro Hörnchen. Die Waffeln sofort, wenn sie aus dem Eisen kommen, zu Eistüten rollen. Sie müssen noch ganz heiß sein. Beim Erkalten erstarren sie dann in der gerollten Form. Man braucht etwas Übung zum Rollen, besonders gut geht es mit chinesischen Essstäbchen (keine aus Kunststoff verwenden, Sie könnten ja damit an das heiße Eisen kommen), aber ein Kochlöffelstiel tut es auch.

Eistüten 2

WASSER
BRAUNER ZUCKER
!MARGARINE!
WEIZEN

60 ml Wasser, 60 g brauner Zucker, 60 g Margarine, 100 g Weizenmehl Type 405, Fett für das Eisen

Die Zubereitung entspricht der im vorhergehenden Rezept.

Rührkuchen

HIRSE
WASSER
BUCHWEIZEN
BUTTER
BRAUNER ZUCKER
EIER
!BACKPULVER!

180 g Hirse, 180 ml Wasser, 100 g Buchweizen, 2 TL Backpulver, 175 g Butter, 100 g brauner Zucker, 2 Eier, Fett für die Form

Hirse und Buchweizen getrennt fein mahlen. Das Wasser erhitzen und die Hirse einrühren. 15 Minuten quellen lassen. Derweil Butter, Zucker und Eier zusammen mit dem Handmixer cremig rühren. Das Backpulver unter das Buchweizenmehl mischen und alle Zutaten gut verrühren. Eine Rührkuchen-Form fetten und den Teig einfüllen. Den Ofen auf 180 °C vorheizen und den Kuchen 70 Minuten backen. Die Form mit einem geeigneten Blech oder Alufolie abdecken.

Nußkuchen

!MARGARINE!
BRAUNER ZUCKER
WASSER
WEIZEN
!BACKPULVER!
HASELNÜSSE

250 g Margarine, 300 g brauner Zucker, 250 ml Wasser, 400 g Weizenmehl Type 1050, 2 Päckchen Backpulver, 200 g Haselnüsse, Fett für die Form

Margarine, braunen Zucker und etwa die Hälfte des Wassers zu einer schaumigen Masse schlagen. Die Nüsse fein raspeln und mit Mehl und Backpulver vermischen. Mit dem restlichen Wasser unter die Masse heben.

Den Backofen vorheizen. Eine Form fetten und den Teig einfüllen. Bei 175 °C 1 Stunde lang backen. Bei Bedarf die Form mit einer Alufolie abdecken.

Eingeweckter Kuchen

Rührkuchen und Nußkuchen kann man auch einwecken und als Dauerkonserve vorrätig halten, z.B. wenn man in Urlaub fährt. Dazu braucht man spezielle "Stürzgläser", die eine gerade Innenwand ohne Absatz haben. Wenn Sie Halblitergläser verwenden, bekommen Sie von einem Rezept etwa drei bis vier Kuchen. Fetten Sie die sauberen Gläser wie eine Kuchenform gut aus und füllen sie zur Hälfte mit dem Teig. Er braucht Platz zum Aufgehen. Legen Sie Gummiring und Deckel auf und verschließen das Glas mit einer Spange. Die Gläser in eine mit Wasser gefüllte Grillpfanne in den Backofen stellen. Nun den Kuchen nach den Angaben des Rezeptes backen. Die Gläser abkühlen lassen und die Spangen erst am nächsten Tag entfernen. Wegen der langen Backzeit verkleben die Gummiringe leicht. Ein Weckglasöffner mit Drahtschlinge hilft.

Körnerschnitten

Honig
Butter
Weizen
Salz
Kürbiskerne
Sonnenblumenkerne
Mandeln

für den Boden:
250 g Honig, 500 g Butter, 750 g Vollkornweizenmehl, 1 Prise Salz
für den Belag:
300 g Butter, 350 g Honig, 600 g Kürbiskerne oder Sonnenblumenkerne oder Mandelblätter

Dieses Rezept hat der Steinheimer Vollkornbäcker Markus Werner beigesteuert. Er nennt es ein 1-2-3-Rezept: Ein Teil Honig, 2 Teile Butter, 3 Teile Mehl. Die Menge reicht mindestens für zwei Haushaltsbleche. Man kann sie natürlich reduzieren.

Butter und Honig zu einer glatten Masse verrühren. Mit einer großen Gabel das Vollkornmehl darunterarbeiten. Auf zwei Blechen dünn ausrollen und bei 200 °C 15 Minuten vorbacken.

Kürbiskerne oder Sonnenblumenkerne müssen einige Minuten ohne Fett in einer schweren Pfanne angeröstet werden, bis sie leicht bräunen und würzig riechen. Mandelblätter kann man ohne Vorbehandlung verarbeiten.

Die Butter und den Honig für den Belag zusammen in einer Pfanne erhitzen und etwas eindicken. Die Kerne darunter rühren und die Masse auf dem vorgebackenen Boden verteilen. 10 Minuten bei 220 °C fertigbacken, wenn möglich nur mit Oberhitze.

Schmalzgebäck zu Weihnachten

SCHWEINESCHMALZ
BRAUNER ZUCKER
SOJAMILCH
WEIZEN

150 g Schweineschmalz, 200 g brauner Zucker, 50 ml Sojamilch, 350 g Weizen, Schmalz für das Blech

Schmalz, braunen Zucker und Sojamilch zusammen mit den Schneebesen des Handrührgerätes mixen. Den Weizen fein mahlen. Mit den übrigen Zutaten verkneten, so dass ein fester, geschmeidiger Teig entsteht. Für etwa eine Stunde im Kühlschrank ruhen lassen.

Ein Backblech sorgfältig mit Schmalz einfetten, ein Brett mit Mehl bestäuben und den Teig mit einem Nudelholz dünn ausrollen. Ausstechförmchen in Mehl eintauchen und Plätzchen ausstechen. Auf das Blech setzen und bei 170 °C 15 bis 20 Minuten backen.

Besonders Eilige können aus dem Teig eine dicke Rolle formen, davon Scheiben abschneiden und diese als "Schmalztaler" backen. Da sie meist etwas dicker werden als Ausstechplätzchen, brauchen sie mindestens 5 Minuten länger.
Varianten: Man kann die Plätzchen nach Belieben mit Sonnenblumenkernen, Mohn, Sesam oder gehackten Nüssen verzieren. Am besten schmecken sie, wenn sie einige Zeit durchgezogen sind. Zum Aufbewahren eignen sich große Blechdosen.

Achtung: Ungewürztes Schweineschmalz beim Metzger kaufen. Abgepacktes Schweineschmalz aus dem Supermarkt ist manchmal von minderer Qualität und eine geschmackliche Katastrophe.

Buttergebäck zu Weihnachten

Eier
brauner Zucker
Butter
Hirse
Buchweizen
Fett für das Blech

3 Eier, 200 g brauner Zucker, 150 g Butter, 375 g Buchweizen, 425 g Hirse, Fett für das Blech, 1 Ei zum Bepinseln

Die Butter bei Zimmertemperatur geschmeidig werden lassen. Hirse und Buchweizen fein mahlen und bereitstellen. Butter, Zucker und Eier mit den Schneebesen des Handrührgerätes zu einer Creme schlagen. Das Mehl einarbeiten, anfangs mit den Schneebesen, später mit den Händen kneten. Etwas Mehl für das Backbrett zurückbehalten.
Ein Backblech sorgfältig mit Butter einfetten. Den Teig auf einem bemehlten Brett so dünn wie möglich ausrollen und mit Förmchen ausstechen. Man kann auch Taler von der Rolle abschneiden oder kleine Brezeln formen. Die Plätzchen mit einem Backpinsel mit Ei einpinseln. Bei 170 °C 15 - 20 Minuten backen. Die Backzeit richtet sich nach der Dicke der Plätzchen.

Sesamhäufchen

Sesam
Eiweiss
Honig
Fett für das Blech

4 Eiweiß, 3 EL Honig, 300 g Sesam, Fett für das Blech

Das Eiweiß mit den Schneebesen des Handrührers steifschlagen, den Honig darunterrühren und den Sesam unterziehen. Ein Backblech gut fetten und mit einem Teelöffel kleine Häufchen daraufsetzen. Bei 175 °C 10 Min backen.

Die Plätzchen sind etwas feucht, wenn sie aus dem Ofen kommen. Innerhalb von 2 bis 3 Tagen trocknen sie aus und können dann in Dosen einige Zeit aufbewahrt werden.

CRÊPES

Die Idee zu diesem Kapitel habe ich aus einem Frankreichurlaub mitgebracht. Fasziniert beobachtete ich in den kleinen Crêperies die Bäckerinnen und Bäcker, die mit gekonntem Schwung den Teig auf ihre großen Platten strichen. Und wie die Crêpes schmeckten ... süß mit Marmelade oder Kompott, herzhaft mit Ei, Tomaten, Schinken, Meeresfrüchten oder Andouille, der köstlichen Kaldaunenrauchwurst der Bretagne. Dazu gab es Cidre aus dicken Steinguttassen.
Die süßen Crêpes ähnelten denen, die es auch bei uns an Straßenständen gibt. Die herzhaften waren etwas anders. Wie immer im Urlaub, rückten wir der Speisekarte mit dem Wörterbuch zuleibe und erfuhren, dass sie aus Buchweizen bestehen.

"Buchweizen ... das wäre was für dein Kochbuch", sagte ich mir, und weiter: "Es muss doch möglich sein, diese Köstlichkeit auch mit Gerätschaften einer deutschen Küche herzustellen!" Ich versorgte mich mit Informationen und Buchweizenmehl und begab mich zu Hause in meine "Hexenküche", wo sich nach einigen Versuchen herausstellte: Es geht!

Man braucht: Eine möglichst große schwere Pfanne mit ebenem Boden, kein Teflon. Ein gutes großes Wendemesser, einen Lappen aus Leinen oder Baumwolle, eine Teigschüssel, eine Suppenkelle, einen Löffel zum Verteilen des Teiges in der Pfanne. Besser geht es mit einem speziellen Teigschieber, den man sich auch selber basteln kann:

Zutaten: Ein Rundholz 10 mm Durchmesser, 14 cm lang, ein Rundholz 5 mm Durchmesser, 16 cm lang.

Zubereitung: In die Mitte des stärkeren Holzes (also bei 7 cm) ein 5 mm dickes Loch bohren und das dünne Holz hineinstecken, so dass sich ein T ergibt. Zuerst mit einem dünneren Bohrer vorbohren, dann einen 5 mm-Bohrer verwenden. Das dünne Holz wird so fest sitzen, dass man es nicht verleimen muss.

Buchweizenmehl gibt es im Reformhaus, aber auch immer öfter im Supermarkt. Es ist billiger als ganze Körner, weil beim Schälen des Buchweizens viel Bruch entsteht, den man nicht als ganzes Korn verkaufen kann. Auf einer Haushaltsmühle gemahlener Buchweizen kommt dem handelsüblichen französischen Mehl sehr nahe. Russischer Buchweizen ist etwas anders und nicht so gut geeignet für die folgenden Rezepte.

Ich habe verschiedene Teigrezepte zusammengestellt, mit und ohne Ei, aus Weizen und glutenfrei. Dazu gibt es verschiedene Füllungen zum Variieren.

Das Crêpe-Backen

Gebacken werden die Crêpes immer gleich, egal welchen Teig Sie wählen. Eines der Geheimnisse ist die Butter. Die Profis tragen sie mit einem Lappen dünn auf ihre Platte auf. In der Pfanne braucht man etwas mehr, ein etwa walnussgroßes Stück pro Crêpe. Bei mittlerer Hitze zerlaufen lassen und die Pfanne damit ausschwenken. Sie soll überall benetzt sein, die Crêpe darf aber nicht darin schwimmen. Eine Suppenkelle voll Teig in die Pfanne geben und zügig mit einem großen Löffel oder dem selbstgebastelten Teigschieber mit kreisenden Bewegungen verteilen. Nun gilt es, den richtigen Moment zum Wenden abzupassen. Wenn die Unterseite nach einigen Minuten gar ist, löst sie sich leicht von der Pfanne. Wer es zu früh versucht, wird keinen Erfolg haben.
Die Crêpe umdrehen, auch von der anderen Seite bräunen, zuerst mit Butter und dann mit der Füllung bestreichen und zusammenschlagen. Die Butter macht die Crêpe geschmeidig. Man kann die Füllung auf die eine Seite streichen und die andere darüber schlagen. Oder man gibt einen Löffel Füllung in die Mitte und klappt die Ränder von allen vier Seiten her darüber. Die gefüllte Crêpe noch einmal umdrehen und wärmen, dann auf einen Teller geben und servieren.
Da die Pfanne für jede neue Crêpe sauber und ohne Krümel sein soll, empfiehlt es sich besonders für Anfänger, sie nach jedem Backvorgang mit einem Tuch aus Baumwolle oder Leinen auszureiben. Wenn man sie dann jedes Mal sorgfältig mit Butter schwenkt, wird es bei fortschreitender Übung keine Krümel mehr geben.

Falls Sie keine Butter vertragen, probieren sie Butterschmalz. Da es sich dabei um das reine Fett der Butter handelt, dem fast alles Eiweiß entzogen ist, vertragen es viele Menschen, die mit Milch ihre Schwierigkeiten haben. Der letzte Ausweg heißt dann Margarine. Die Crêpes werden darin zwar nicht ganz so sanft gebräunt und es fehlt der original bretonische Buttergeschmack, aber bevor Sie ganz auf diese Köstlichkeit verzichten ...

Tipp: Beim Füllen sehr vorsichtig sein, da die Füllung die Pfanne verklebt. Das Pfannenmesser sollte auch nicht damit in Berührung kommen.

Der einzige Nachteil dieses Gerichtes: Einer muss immer am Herd stehen und backen, während die anderen essen. Aber vielleicht kann man sich ja abwechseln.

Buchweizen-Crêpe 1

BUCHWEIZEN
WASSER
EI
SALZ
BUTTER

500 g Buchweizen, 2 Eier, etwa 600 ml Wasser, Salz, ein Stück Butter oder Butterschmalz für die Pfanne

Den Buchweizen fein mahlen, mit den Eiern, einer Prise Salz und ein wenig Wasser verkneten. Der Teig soll fest sein und sich von den Händen lösen. Mindestens 10 Minuten kräftig kneten. Nur durch Kneten mit den Händen entsteht ein glatter Teig. Rühren alleine genügt nicht, er wird dann grobporig und lässt sich nicht dünn genug backen. Das restliche Wasser portionsweise mit dem Handrührgerät unterrühren. Es muss ein cremiger, glatter Teig entstehen, der dünn wie Vanillesauce ist. Nach Anweisungen Seite 158 backen.

Buchweizen-Crêpe 2

BUCHWEIZEN
WASSER
SALZ
BUTTERSCHMALZ

500 g Buchweizen, 1 l Wasser, 1 Prise Salz, Butter oder Butterschmalz zum Backen

Nach Rezept Seite 159 zubereiten. Ohne Eier ist der Teig etwas schwieriger zu verarbeiten. Nicht verzagen und üben!

Wer auch kein Butterschmalz verträgt, nehme zum Braten Margarine.

Weizen-Crêpe

WEIZENMEHL
WASSER
SALZ
!MARGARINE!

500 g Weizen, 800 ml Wasser, 1 TL Salz, Margarine zum Backen

Den Weizen fein mahlen, die Hälfte des Wassers zugeben und mit den Knethaken des Handmixers mindestens 5 Minuten durcharbeiten. Den Rest des Wassers dazugeben und weitere 5 Minuten mit den Schneebesen schlagen. Salzen.

Nach Rezept Seite 158 backen.

Varianten: Wer Butter verträgt, muss sich natürlich nicht mit Margarine behelfen. Alle, die Eier vertragen, sollten diesen Teig mit 1 – 2 Eiern bereichern.

Kastanien-Crêpe

Kastanienmehl
Maismehl
Ei
Salz
Wasser

500 g Kastanienmehl (bestellen bei Hammermühle, Adresse im Anhang), 200 g Vollkornmaismehl, 2 Eier, 1 l Wasser, 1 TL Salz

Kastanienmehl, Maismehl, Eier, Salz und die Hälfte des Wassers zu einem festen Teig verkneten. Mindestens 5 Minuten mit den Händen durcharbeiten. Den Rest des Wassers dazugeben und mit dem Handmixer zu einem dünnflüssigen Teig verquirlen. Backen.
Wer keinen Weizen verträgt, hat mit diesem Rezept eine tolle Abwechslung zu den etwas herben Buchweizen-Crêpes. Das Kastanienmehl schmeckt von sich aus sehr süß und eignet sich daher besonders für Marmeladenfüllungen. Wer den Kontrast liebt, kann die Kastanien-Crêpes aber auch herzhaft zubereiten.

Nach Rezept Seite 158 backen.

Crêpe-Füllungen

Es empfiehlt sich, jeweils mehrere Füllungen bereitzuhalten, so dass sich jeder sein eigenes Crêpe-Menü zusammenstellen kann. Nie zu viel Füllung in eine Crêpe geben. Ein großer Esslöffel genügt meist. Folgende Rezepte eignen sich:

Alle Marmeladen (S. 115ff), besonders gut passt das Pflaumenmus zu dem herben Buchweizengeschmack.
Leberwurst (S. 110)
Maronenmus (S. 112)
viele der kalten Saucen und Dips (S. 90ff)
manche Beläge für Pizza & Co. (S. 136ff)

frisches Obst der Saison, eventuell mit Sahne
Käse nach Wahl
Angebratene Speckwürfel
Gebratene Zwiebelringe
Zum Schluss folgen noch zwei spezielle Tomatenfüllungen.

Tomatenfüllung 1

TOMATEN
SPECK
ZWIEBELN
PFEFFER
SALZ

100 g Speck, 2 mittlere Zwiebeln, 2 Tomaten, 1 Prise Pfeffer, 1 Prise Salz

Den Speck in Würfel schneiden, die Zwiebeln schälen und ebenfalls würfeln. Die Tomaten überbrühen, schälen und alle grünen Teile entfernen.
Den Speck anbraten, die Zwiebeln und etwas später die Tomaten dazugeben. 5 - 10 Minuten köcheln lassen, bis das ganze etwas eindickt, würzen.

Tomatenfüllung 2

TOMATEN
PFEFFER
SALZ

2 bis 3 Tomaten, Pfeffer, Salz

Die Tomaten überbrühen, schälen, alle grünen Teile abschneiden und würfeln. Die Crêpes dünn damit belegen, würzen und zuklappen. Vor dem Servieren noch einmal gut durchwärmen. Nach Belieben mit gehackten Kräutern wie Petersilie, Basilikum oder Schnittlauch bestreuen.

Liste weiterführender Literatur

Enthält einige Standard-Titel für die, die es genauer wissen wollen. Ich habe die Liste bewusst kurz gehalten.

Günter Vollmer, Günter Josst, Dieter Schenker, Wolfgang Sturm, Norbert Vreden:
Lebensmittelführer: Inhalte, Zusätze, Rückstände:

Teil 1: Obst, Gemüse, Getreide, Brot, Gebäck, Knabberartikel, Honig, Süßwaren

Teil 2: Fleisch, Fisch, Milch, Fett, Gewürze, Getränke, Lebensmittel für Diät, für Säuglinge, für Sportler

Verlag WILEY-VCH, 2. neubearbeitete Auflage 1995

Beide Bände sind als Taschenbücher erschienen. Sie enthalten ausführliche Angaben über Inhalte, Zusätze, Rückstände und die Produktionsprozesse einer sehr großen Palette von Lebensmitteln im Überblick. Weiterhin bieten sie einen Leitfaden über Zusatzstoffe und Verordnungen. Informativ, obwohl nicht speziell für Allergiebetroffene geschrieben. Gut geeignet zum Nachschlagen. Da sehr komplexe Zusammenhänge detailliert behandelt werden, ist die Lektüre etwas anstrengend, aber es lohnt sich. Auch wer nicht jedes fachliche Detail versteht, kann durchaus praktisch verwertbare Informationen für sein „Kochverhalten" aus dem Buch gewinnen. Das Standardwerk wurde in der Neuauflage durch Themen wie Novel Food, diätetische Lebensmittel und gentechnisch veränderte Produkte ergänzt. Es enthält die Liste der E-Nummern mit erhellenden Hintergrundinformationen. Nicht auf Vollwertkost beschränkt.

Ada Pokorny: Backen von Brot und Gebäck aus allen 7 Getreidearten und dem Buchweizen mit dem Spezial-Backferment

Herausgegeben durch den Arbeitskreis für Ernährungsforschung
5. Auflage 2003

Enthält alle nur denkbaren Informationen zu Sekowa Backferment, viele Rezepte, darunter auch glutenfreie. Wer sich ernsthaft mit diesem Teiglockerungsmittel beschäftigen will, kommt um das Werk nicht herum. Die 5. Auflage des altbewährten Backbuches wurde um einige Dinkelrezepte erweitert und sprachlich etwas modernisiert. Der Inhalt ist nach wie vor gültig geblieben.

Karl von Koerber, Thomas Männle, Claus Leitzmann:
Vollwert-Ernährung, Konzeption einer zeitgemäßen und nachhaltigen Ernährung

MVS Medizinverlage Stuttgart, 10. vollständig neu bearbeitete und erweiterte Auflage 2004

Der Begriff Vollwert-Ernährung wird definiert und ausführlich erläutert. Das Buch liefert umfassende Informationen über die gesundheitlichen, gesellschaftlichen und ökologischen Hintergründe von Nahrungsmitteln, ihrer Produktion, Vermarktung und Verarbeitung. Nicht unbedingt als Bettlektüre geeignet, da man als Laie an manchen Stellen nach dem Fremdwörterlexikon greifen muss. Sehr informativ und fundiert.

Ibrahim Elmadfa, Waltraute Aign, Erich Muskat, Doris Fritzsche:
Die große GU Nährwert-Kalorien-Tabelle 2006/07
(wahlweise mit und ohne CD-Rom)
Gräfe und Unzer Verlag, 2005

Die Tabelle bietet umfassende Informationen über die Inhaltsstoffe unserer Nahrungsmittel. Sie ist nicht auf Vollwerternährung beschränkt.

Karin Buchart unter Mitarbeit von Christiane Binder, Ute Körner, Imke Reese und Claudia Thienel: Nahrungsmittelallergie, ein Leitfaden für Betroffene

2. Auflage, 2005, Studienverlag Innsbruck

Sehr umfassend, ohne den Leser zu erschlagen. Die Ernährungswissenschaftlerin gibt klare, einleuchtende Erklärungen zu medizinischen Hintergründen und hat küchentaugliche, praxisorientierte, leckere Rezeptideen, u.a. für Menschen, die kein Ei, keine Milch oder kein Gluten vertragen. Die Materialfülle wird übersichtlich dargeboten.
Kein Vollwertkochbuch, es kommt aber genug „frisches Grünzeug" darin vor, um sich gesund zu ernähren. Die Kompromisse sind, besonders für Menschen, die nicht alles vertragen, meiner Meinung nach sehr akzeptabel.

E-Nummern Schlüssel

Die Beratungsstellen der Verbraucherzentrale bieten Schlüssel zu E-Nummern der Lebensmittelzusatzstoffe, handlich beim Einkaufen mitzuführen. Außerdem lohnt es sich meist, sich dort nach Broschüren über den Einkauf gesunder Lebensmittel zu erkundigen. Beratungsstellen gibt es in allen größeren Städten, die jeweilige Adresse entnehmen Sie bitte dem örtlichen Telefonbuch.
Oder googeln Sie mal mit dem Stichwort Zusatzstoffe. Der Daten-Urwald des Internets bietet bemerkenswerte Informationen, wenn man mit der richtigen Machete (nämlich Verstand und Urteilskraft) bewaffnet ist, um zu dem vorzudringen, was man wirklich wissen will.

Aufstellung glutenfreier Lebensmittel

Wird von der Deutschen Zöliakiegesellschaft jährlich auf den neuesten Stand gebracht und enthält Namen und Markenbezeichnung von Lebensmitteln, für die die Hersteller Glutenfreiheit garantieren. Teilweise auch Angaben über Laktose (= Milchzucker). Die Ausgabe 2007 hat 3 Bände mit insgesamt 1 074 Seiten. Sie leistet unschätzbare Dienste beim täglichen Einkauf. Inzwischen auch als CD-Rom erhältlich, aktuellste Infos können Mitglieder über e-mail bestellen. Durch die Neuerungen bei der Lebensmittelkennzeichnung ist die Nachfrage keineswegs zurückgegangen. Immer noch gibt es genug Zweifelsfälle, in denen die Aufstellung größtmögliche Sicherheit gewährt. Die Bezugsadresse folgt weiter unten.

ADRESSEN VON SELBSTHILFEORGANISATIONEN

Kontakt zu einer Selbsthilfegruppe aufzunehmen, kann Gold wert sein. Sie finden dort Menschen, die sich mit ähnlichen Problemen herumschlagen wie Sie. Allein das Gefühl, in einem Kreis Gleichgesinnter aufgenommen zu sein, hilft, Unbequemlichkeiten im Alltag zu ertragen und zu meistern. Zusammen sind Sie stark. Auch wenn es darum geht, sich in der Öffentlichkeit zu äußern.
Besonders wenn Ihnen der Umgang mit Ihrer Beeinträchtigung noch fremd ist, finden Sie bei den Selbsthilfegruppen Trost, praxiserprobte Tipps und praktische Ratschläge für alle Lebensbereiche, die Betroffene zusammengetragen haben. Sie können dort herausfinden, wo in Ihrer Nähe andere Betroffene leben. In vielen Orten gibt es Gruppen, die sich treffen und Veranstaltungen durchführen In aller Regel begegnet man dort ungewöhnlich kompetenten, engagierten und hilfsbereiten Mitmenschen.

Ich nenne Ihnen hier bewusst wenige ausgewählte Organisationen, in denen sich Menschen zusammengeschlossen haben, die aus den verschiedensten Gründen nicht alles essen können. Natürlich gibt es viele andere, auch kleinere Gruppierungen mit spezieller Ausrichtung. Wenn Sie noch nicht am Ende Ihrer Suche angekommen sein sollten, wird man Ihnen aber sicher bei den genannten Stellen weiterhelfen können.

Deutsche Zöliakie-Gesellschaft e.V.

Filderhauptstraße 61
70599 Stuttgart
Tel: 0711/459981-0
Fax: 0711/ 459981-50
Vereinszeitschrift: DZG aktuell, erscheint vierteljährlich und informiert über Vereinsarbeit, aktuelle Themen und Veranstaltungen

e-mail: info@dzg-online.de
Website: http://www.dzg-online.de/

Schon die Internetseite gibt wertvolle Hinweise für alle Lebensbereiche. Die DZG hat eigene Rezeptsammlungen und gibt seit Jahren eine Liste heraus, in der glutenfreie Lebensmittel verzeichnet sind. Jedes einzelne Produkt wird beim Hersteller angefragt, die Liste wird jährlich aktualisiert. Die DZG wird wahrscheinlich für Sie ebenso wichtig werden wie ein guter Arzt, dem Sie vertrauen.

Deutscher Neurodermitis Bund e.V.

Spaldingstraße 210
20097 Hamburg
Tel.: 040/230744
Fax: 040 /231008
Vereinszeitschrift: Hautfreund

e-mail: info@dnb-ev.de
Website: http://www.dnb-ev.de/

Internetseite und Zeitschrift enthalten viel Werbung, führen aber trotzdem zu sehr nützlichen Informationen. Es lohnt sich, die im Internet genannten Kontaktpersonen anzurufen. Man findet dort auf die unterschiedlichste Art Verständnis für seine Probleme und „wird weitergeholfen".

Deutscher Allergie- und Asthmabund e.V.
DAAB

Fliethstraße 114
41061 Mönchengladbach
Tel: 02161/814940
Fax: 02161/8149430

e-mail: info@daab.de
Website: http://www.daab.de/
Zeitschrift: Allergie konkret

Der deutsche Allergie- und Asthmabund e.V. ist ein äußerst rühriger Verein mit gut funktionierendem Büro. Dort kümmert man sich sehr intensiv und praxisorientiert um Ernährungsprobleme allergiegeplagter Menschen. Ein Anruf unter obiger Nummer lohnt.

ADRESSEN FÜR DEN BEZUG VON BESONDEREN LEBENSMITTELN

Bestelladresse für Sekowa Backferment:

Sekowa Backtechnik GmbH
Basaltstraße 8 - 10
61197 Florstadt
Tel.: 06035/5061
Fax: 06035/6413

Bezugsquelle für Kastanienmehl, feines Reismehl und viele andere glutenfreie Produkte:

Hammermühle Diät GmbH
Postfach 11 64
67485 Maikammer
Tel.: 06321/9589-0
e-mail: post@hammermuehle.de

Alphabetischer Index der Rezepte

HAMMER MÜHLE®

Ihr Spezialist
für glutenfreie Mehle & Backwaren

Hammermühle Diät GmbH • Postfach 1164 • 67485 Maikammer
Tel: 0.6321.9589.0 • post@hammermuehle.de

Sekowa®
Sekowa®
glutenfrei
Mais Spezial-Backferment
Teiglockerungsmittelgranulat
250g
Sekowa®
Spezial-Backferment
nach Hugo Erbe
Teiglockerungsmittelgranulat
250g
Erhältlich in Naturkostfachgeschäften, Reformhäusern oder direkt bei:
SEKOWA® Backtechnik GmbH
Basaltstraße 8 -10
D-61197 Florstadt
Tel: 06035 / 5061
Fax: 06035 / 6413